Avv. ANTONIO CARNITI

IN MEMORIA

DI

GIOVANNI BOTTESINI

22 DICEMBRE 1921

A chi legge

Con la presente memoria sciolgo la promessa fatta di ricordare nell' anno centenario di sua nascita le principali qualità artistiche di GIOVANNI BOTTESINI onore di Crema e gloria italiana.

Non ho inteso tesserne la biografia, compito questo assai superiore alle mie forze ed irto di difficoltà, poichè, avendo il Bottesini vissuto una vita febbrile, irrequieta, quasi randagia, per assecondare le infinite richieste di coloro che volevano sentirlo, apprezzarlo ed ammirarlo, riesce assai disagevole procurarsi le fonti da cui dedurre lo svolgersi della vita del grande Artista.

Questo modesto lavoro quindi presenterà lacune e manchevolezze non poche, ed io sarò ben grato a quei cortesi lettori, che, rilevandole, vorranno farmele conoscere onde così, in una eventuale ristampa, renderlo più completo.

Crema, 2 dicembre 1921.

AVV. ANTONIO CARNITI

RITRATTO AD OLIO DI BOTTESINI CHE SI CONSERVA
NELLA BIBLIOTECA DEL CONSERVATORIO DI PARMA

I.

LA VITA MUSICALE CREMASCA

dallo svolto del XIX secolo al principio del XX

e

LA FAMIGLIA BOTTESINI

La pulita ed aristocratica città di Crema merita di essere ricordata non solo per il tragico episodio dei suoi ostaggi all'assedio di Barbarossa — episodio che il Previati ha riprodotto in una grandiosa e suggestiva tela * — ma anche per la speciale attitudine dei suoi cittadini alla musica, tanto da vantare insigni maestri ed un passato veramente glorioso.

Fatta eccezione per un brevissimo periodo di occupazione straniera, Crema rimase per ben quattro secoli, e cioè sino al 1797 (27 marzo) sotto le ali del Leone di S. Marco, godendo, quale città di confine, speciali privilegi che la Repubblica Veneta le aveva accordato.

Durante questo periodo di tempo può dirsi che le usanze, le abitudini e i costumi di Crema fossero un riflesso della vita veneziana, esercitando Venezia la propria influenza oltre che per i rapporti politici, esistenti fra sovrana e suddita anche per l'opera personale dei Podestà, e dei Vescovi che appartenevano quasi sempre o al patriziato o alla nobiltà. La nobiltà cremasca viveva una vita spensierata, senza misura nello spendere, fra i divertimenti, le funzioni religiose, il cicisbeismo ed il giuoco: gelosissima dei suoi privilegi era ossequiente ai Podestà ed al governo, lusingandosi di ottenere qualche diploma con cui fregiare il proprio blasone. Il clero e le corporazioni religiose, godendo pingui prebende e lauti benefici, erano numerosissime e largheggiavano in continue e suntuose funzioni religiose. Il popolo poi, per sua natura acuto e vivace, era amantissimo dei pubblici divertimenti, ossequiava il clero per tradizionale reverenza e si inchinava ai nobili sperandone protezione e sussidi.

* Ammirasi nella Pinacoteca di Brera, Sezione *Arte Moderna*.

Date queste condizioni di ambiente è naturale che la musica — la quale in Venezia coi suoi celebri conservatori, colle celebri sue cappelle, coi numerosi suoi teatri che rompendo le sue aristocratiche tradizioni essa aveva resi accessibili ad ogni sorta di pubblico, aveva suscitato la generale ammirazione — si sviluppasse anche in Crema e vi prendesse tali e così salde radici da diventare uno di principali fattori della vita cittadina. Non vi era funzione religiosa in Crema e nel contado, non vi era pubblico divertimento, non vi era spettacolo al quale la musica non avesse parte principale.

Nè va dimenticata la tradizionale stagione autunnale della *Fiera* in cui Crema si trasformava in un luogo di delizie, tanti erano gli svaghi e i divertimenti che vi si succedevano e straordinario il concorso dei forestieri. Il Conte Sforza Benvenuti nella dispensa III a pag. 121 della sua storia di Crema, riassume colle seguenti parole questa eccezionale stagione :

« Durante i giorni di fiera cantavansi in Duomo all'altare della « Madonna le *Litanie* o la *Salve Regina* da eletta schiera di musi-« canti, le soavi melodie incominciavano all' imbrunire affinchè ne « potessero godere i reduci della fiera. Abbellivano il tempio sun-« tuosi apparati, gran copia di ceri lo rischiaravano: le donne vi « intervenivano con abiti pomposissimi, senza velo, servite dai loro « cavalieri e con un continuo e forte cicaleccio, con sfacciata irri-« verenza al luogo sacro, che in quelle sere, al dire del Racchetti, « sembrava convertito in una gran sala da ballo. Terminate le Litanie « si passava dalla Chiesa al Teatro, ove la magnificenza dello spet-« tacolo rapiva d'ammirazione i forestieri, e l' orecchio deliziavano « soavissime voci di musici e di celebri artisti. La piccola Crema « ambiva che il suo teatro in tempo di fiera gareggiasse coi prin-« cipali d' Italia, e quindi si chiamavano da lontani paesi, i can-« tanti di maggior grido.

« Finito lo spettacolo schiudevasi il ridotto del Teatro, dove « moltissimi, dopo di aver gustate le soavissime melodie della mu-« sica, entravano a sperimentare le febbrili commozioni dei giuochi « d'azzardo ».

Nel 1814 Crema passò sotto il dominio austriaco e vi rimase sino al 1859 e poscia, per il nuovo assetto amministrativo del Regno d' Italia divenne una semplice città di circondario perdendo così della sua importanza e ricchezza.

Il lungo periodo di pace che si svolse sotto il dominio austriaco fu per la musica uno dei più fecondi. Pare quasi che in quest'epoca si raccogliessero i frutti dei tempi precorsi, ed è perciò che vediamo a reggere le sorti tanto del Teatro che della Cappella del Duomo egregi maestri quali il Novodini, il Fezia, il Cazzaniga, il Pavesi, Benzi e Petrali. È in questo periodo che vediamo sorgere numerose famiglie di musici che, oltre a ritrarne dall'esercizio dell'arte musicale i mezzi necessari al loro sostentamento, si dedicano con animo generoso a diffondere nel pubblico il vero culto di quest'arte.

Ed è proprio in questo periodo che vediamo distinte famiglie patrizie, quali i Conti Porta Puglia, i Conti Marazzi, i Marchesi Zurla, il Nobile Ferrante Terni ed il Nobile G. B. Monza, gareggiare per avere nei loro convitti e nei loro ritrovi i più valenti musici della città onde così rallegrare, colle loro geniali persone e con buona musica, le loro riunioni, — ed è pure in questo periodo che vediamo la famiglia Bottesini imparentarsi colla famiglia Petrali e sorgere buoni professori quali lo Stramezzi, i Santelli, i Corbellini, i Rampazzini, i Cerioli, gli Inzoli, i Meletti e i Truffi che uniti ai migliori dilettanti, rendono le loro case vere palestre di buona ed eletta musica.

Prima però di chiudere questo preambolo, credo atto doveroso ricordare un distintissimo maestro che ebbe tanta parte nello sviluppo e nella formazione dei musici sopra indicati : intendo parlare del tanto buono quanto valente Sacerdote Carlo Cogliati, che fu l'amoroso maestro, consigliere ed amico del Giovanni Bottesini, riportando ciò che del Cogliati scrisse il Conte Paolo Marazzi nell'Almanacco Cremasco compilato dal prof. Giovanni Solera pel 1850 :

« Il Marchese Luigi Zurla faceva invito di venire a Crema ed
« offriva in sua casa liberale ospitalità ad un prete nato in Castel-
« leone, terra del Ducato di Milano, nell'anno 1756, da onesti pa-
« renti, e che godeva fama di buon maestro di musica. Il prete
« era CARLO COGLIATI, giovane di 24 anni.

« La città nostra aveva buoni compositori di musica sacra. Le
« maestose Litanie che in Roma tuttora si cantano alla Regina
« degli Angeli sotto l'ampia vôlta della Chiesa del Carmelo, sono
« di Fezia, Della Fratta e Nevodino i quali posero in musica Messe
« ed Inni che il popolo con rara facilità apprende e canta nel sacro

« coro. Ma chi avesse udito quella musica suonare, prima che il
« Cogliati venisse in Crema, oh! Dio, strimpellamenti e non altro.
« Lo stridulo violino, l'assordante cornetta facevan versi da cani
« e da gatti, e, poveri orecchi, era cosa da far scricchiare i denti.

« Giunto in Crema il Cogliati, si pose all'opera per rimediare
« a tanto male, ed eletto primo violino della Cappella del Duomo,
« e direttore d'orchestra nell' Accademia musicale, in breve tempo
« istruì giovinetti nei vari istrumenti musicali in cui mostravano
« maggior capacità, ed il male cangiò interamente in bene.

‹ La nostra orchestra divenne il decoro della nostra chiesa, la
« delizia del nostro teatro : la vicina Bergamasca e la Bresciana
« andavano a gara per decorarne ogni loro sacra cerimonia, e la
« Marì accompagnata dal violinista Stramezzi padre, e dal clarino
‹ di Bottesini, trovò anche sulla scena cremasca chi assecondava
« con delicata armonia la sua voce appassionata.

« Furono poi tali e tanti gli allievi educati dal Cogliati che
‹ non essendo la piccola Crema sufficiente a contenerli, molti si
‹ recarono desiderati e celebri in lontani paesi. Leani fu primo
« contrabasso in Trieste, e Giovanni Bottesini col colossale violone
« riscuote applausi all'Havana ed in Inghilterra.

« Nè pertanto il Cogliati montava in superbia, ma con la na-
« turale sua bonomia procurava sempre più rintracciare negli umili
« casolari giovanetti che mostrassero attitudine alla musica, e gli
« istruiva gratuitamente.

« Aveva fina perspicacia per indovinare e conoscere la capa-
« cità ed intelligenza dei suoi allievi, e vecchio, mentre insegnava
« a Giovanni Bottesini i primi elementi musicali, e gli poneva nelle
« giovanili mani il violino, andava ripetendo : non ho mai avuto scolaro
« di questi più intelligente, e non errò. Emulo di Dragonetti, Bot-
« tesini sparge di sè chiara fama ammansando il feroce contrabasso
« e costringendolo ad emettere voci soavi come d'un liuto. È si-
« mile a Morok che padroneggia la jena sino a farsi lambire la mano.

« Divenuto paralitico, il Nestore dei nostri suonatori con dif-
« ficoltà eseguiva sul violino i pezzi dei concerti di Fiorello e di
« Creuser. Il fanciullo Bottesini all'intoppo con infantile ingenuità
‹ gli gridava : coraggio, coraggio, maestro ; e questo gongolava
« dalla gioia, pronosticando al giovinetto bella e fortunata carriera,
« coi guadagni della quale doveva un giorno provvedere anche ai
‹ vecchi di lui genitori.

« Estinta la famiglia dei Marchesi Zurla suoi benefattori, l'ul-
« timo superstite marchese Silvio legava al Cogliati cinque franchi
« al giorno, vita sua natural durante, e questi si ricoverava presso
« i prediletti suoi Bottesini, ed in loro casa fu raggiunto dalla
« morte a dì 23 luglio 1833, vecchio di 87 anni, dopo avere sof-
« ferta per due anni con cristiana rassegnazione dolorosa malattia.
« Generale e sincero fu il dolore per la perdita di un uomo che
« aveva fatto tanto bene a molti, male a nessuno.

« Ebbe esequie condegne, procurategli dal suo Pietro Bottesini,
« poichè nella sua cassa non si rinvennero danari. La funebre ce-
« rimonia fu per onore seguita da quell'orchestra ch'era creazione
« del defunto, ed il bergamasco violinista Rovelli la dirigeva.

« Fu sepolto nel cimitero di Crema, ove indarno cerchi pietra
« o parola che del benemerito tramandi la memoria.

« Firmato : PAOLO MARAZZI ».

Si è voluto ricordare il sopra esposto per dimostrare che non
sono le sole condizioni di ambiente che possono determinare il
risorgere di vecchie gloriose tradizioni musicali, ma per dimostrare
altresì che queste condizioni d'ambiente per dare frutti d'ordine
elevato e superiore debbono essere ben dirette da persone eminenti,
non per lustro di diplomi o per una stucchevole presunzione di
sterile superiorità, ma per sapere profondo, col quale, congiunto a
ragionevole tolleranza e bontà d'animo sanno imporsi ai mediocri
e trascinare con sè i migliori.

La famiglia Bottesini sopra ricordata, era numerosa ed agiata
per essa il culto della musica era qualche cosa di sacro ed inviolabile.

Tutti i suoi membri si distinguevano o come maestri, o come
professori, o quali dilettanti.

Eccone l'albero genealogico.

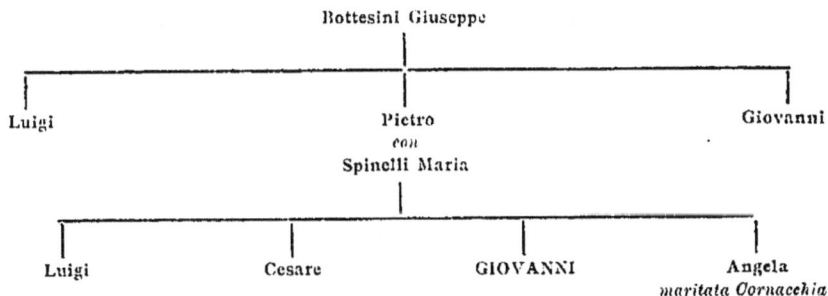

```
                       Bottesini Giuseppe
                              |
  _____|_____
 |                            |                            |
Luigi                       Pietro                     Giovanni
                             con
                         Spinelli Maria
                              |
   _____|_____
  |              |              |                   |
Luigi         Cesare         GIOVANNI            Angela
                                              maritata Cornacchia
```

Bottesini Luigi fu Giuseppe era commerciante in stoffe e valente suonatore di violino.

Bottesini Pietro concertista di clarino, suonatore di violino, maestro e compositore di musica. Fu sempre primo clarino nella cappella del Duomo e nel Teatro Sociale, e lasciò numerosi pezzi di musica, sinfonie e ballabili gustosissimi.

Spinelli Maria sorella della madre del celebre Antonio - Vincenzo Petrali.

Bottesini Luigi fu Pietro, fu ottimo suonatore di tromba e compositore : visse quasi sempre a Torino.

Bottesini Cesare fu espertissimo violinista e compositore : visse e morì a Cividale del Friuli. Ebbe numerosa figliolanza, e i suoi figli furono gli eredi di Giovanni Bottesini.

Bottesini Angela fu esimia cantante e si presentò sul Teatro Sociale di Crema nel Rigoletto, destando entusiasmo nella parte di Gilda.

BOTTESINI GIOVANNI, di cui ci occupiamo, sposò in prime nozze una Valcarenghi di buona famiglia cremasca, e in seconde nozze la figlia d'un Duca spagnolo : una bellissima donna molto colta, conosciuta col nome di Claudina che visse quasi sempre a Napoli o al Cairo. Da questi due matrimoni Giovanni Bottesini non ebbe figliuoli.

Il padre Pietro Bottesini abitò per molti anni colla sua famiglia in casa Rosaglio in via Carera, (viale al Teatro) ed in uno spazioso salone unito alla abitazione, si eseguivano concerti, si facevano le prove, vi affluivano amici e dilettanti e si concretarono tutte le manifestazioni musicali da eseguirsi in Crema.

Ma se eccezionale era l'entusiamo di questa famiglia per la musica, essa si distingueva poi in modo speciale per la genialità delle persone che la componevano e per la loro grande generosità d'animo, esse non conoscevano quelle puerili scontrosità che sorgono tanto facilmente per antagonismi fra maestri ed artisti.

BOTTESINI E ARDITI A BOSTON

(da una stampa dell'epoca)

II.

NASCITA - ADOLESCENZA - GIOVINEZZA
ENTRATA ED USCITA
DAL CONSERVATORIO DI MILANO
PRIMORDI DELLA SUA CARRIERA

Giovanni Bottesini nacque a Crema il 22 dicembre 1821, fu battezzato nella Cattedrale e tenuto al battesimo dallo zio paterno Giovanni. Ma c'è divergenza fra gli scrittori sul giorno preciso della sua nascita. Il suo amico *Cesare Lisei* lo dice nato il 24 dicembre 1821 e così pure il *Masutto* nel suo dizionario dei maestri di musica italiani del secolo XIX : lo *Schmild* nel suo dizionario universale dei musicisti lo fa nascere il 24 dicembre 1823, un giornale inglese, *The illustrated London News* lo dice nato nientemeno che nel 1833 e così altri biografi del Bottesini. La divergenza può essere sorta per errori di stampa o da errate indicazioni che l'uno ha copiato dall'altro : la data vera però è quella del 22 dicembre 1821, che ho trovato esaminando i registri delle nascite presso la Cattedrale di Crema, dalla quale ho ritirato analogo certificato.

Giovanissimo cominciò a studiare il violino sotto la direzione del Maestro Cogliati sopra ricordato. Rimase in famiglia sino alla età di 14 anni, prendendo parte a tutti gli avvenimenti musicali della famiglia e della città, cantando il *sopranino* nelle cantorie e suonando i timpani non solo nell'orchestra del Teatro Sociale di Crema, come risulta da numerosi libretti delle opere eseguite, sul cui frontispizio si indicavano i nomi dei suonatori, ma anche in qualche teatro delle città limitrofe, quali Brescia e Bergamo.

Durante questo periodo di tempo, il Bottesini per proprio conto e per soddisfare all'innato istinto di imparare e conoscere gli istrumenti, suonò senza maestri e senza quindi le necessarie cognizioni, il cembalo, il violoncello e il contrabbasso.

Nel 1835, il padre Pietro, sapendo che nel Conservatorio musicale di Milano erano vacanti due posti, uno di fagotto e l'altro di contrabbasso, chiese al figlio per quale dei due avrebbe voluto concorrere : il giovinetto optò per il contrabbasso, non già perchè sentisse una speciale attrattiva per questo mastodontico istrumento, ma perchè apparteneva alla famiglia degli istrumenti a corda, di cui egli conosceva già abbastanza il violino.

Presentatosi alla Commissione esaminatrice, della quale faceva parte il noto professore di contrabasso *Luigi Rossi*, gli furono presentate poche battute scritte lì per lì dal vicecensore Ray. Il Bottesini si accinse ad eseguirle, ma accortosi delle stonature, disse francamente : *sento o signori, di stonare, ma quando saprò dove porre le dita, allora non stonerò più.* Questo episodio è confermato da Cesare Lisei e dal Colombani nel volume : « I musicisti italiani ».*

Anche con questo esperimento Bottesini manifestò la sua attitudine per la musica, e fu senz'altro ammesso al Conservatorio, avendo a maestri, per il contrabasso, il celebre Luigi Rossi, che Bottesini non cessava mai di encomiare, e per la composizione il *Piantanida, Ray, Basily* e *Vaccai.*

Dopo soli tre anni, il Bottesini, aveva raggiunto tale perfezione artistica, da desiderare un ambiente più vasto, non solo per farsi sentire quale contrabassista, ma per dedicarsi con maggior libertà d'azione alla composizione, per la quale si sentiva irresistibilmente trasportato.

Da questo momento datano i primordi della sua carriera artistica, che, se sul principio presentavano qualche difficoltà, furono però fino d'allora gloriosi ed entusiasti. Scritturato per l'America diede, prima di partire per l'Avana, un brillantissimo concerto al Teatro Comunale di Crema nell'anno 1840.

Credo opportuno, a questo punto, riprodurre nella sua integrità una lettera famigliare in data 29 aprile 1847 da Boston, in cui il buon Giovanni Bottesini scrive al padre le vicende delle sue peregrinazioni artistiche in America. Questa lettera è per me interessantissima, mettendo in evidenza la squisitezza dell'animo suo, il grande affetto e la profonda venerazione che il Bottesini aveva per il padre e per la famiglia, e come egli fosse anche un fine osservatore della vita umana, dote questa, propria di tutti gli ingegni elevati.

« Boston 29 aprile 1847.

« *Amatissimo padre mio,*

« Ieri ho avuto il piacere di ricevere una carissima tua del
« 20 febbraio ; le notizie consolanti della tua buona salute e della
« mamma e dell'Angelina mi hanno rallegrato lo spirito e vera-

---

* *Colombani*. — L'opera italiana nel secolo XIX, pag. 239.

« mente ridonata la quiete. Nel mese di aprile corrente non ho
« potuto scriverti perchè al 3, giorno in cui s'impostano lettere
« per l'Europa, partii dall'Avana e fino al 15 non arrivai a New
« York ; il viaggio fu felicissimo, e fummo trattati con maggior
« riguardo. Trovammo a New York un'altra compagnia italiana al
« Teatro Palmos già da cinque mesi quivi stabilita, e fra cui vidi
‹ persone di nostra conoscenza, come la Clotilde Basili, Benedetti
« il Tenore, Sanquivico ecc.: un cremasco di cui non ricordo il
« nome fa l'avvisatore. I nostri impresari, piccati di non trovare
« il teatro libero, spesero 750 colonnati per un altro teatro, onde
« far sentire la compagnia nell'Ernani in due rappresentazioni, e
« per dare uno scacco matto all'altra ; difatti sbarcati di fretta tutti
« i cassoni, provammo e andammo in scena. Quantunque il teatro
« Parla fosse piccolo, desso conteneva uno stipato concorso; trion-
« fante per il successo a scapito degli altri, e chissà quanto ve-
« leno debbano aver inghiottito. Nella sera susseguente demmo un
« concerto nella sala del Tabernacolo, ove suonai due duetti col-
« l'Arditi : ti accludo l'articolo che ne parla e potrai giudicare del-
« l'effetto del mio contrabasso.

« Prima di partire dall'Avana, firmai il nuovo contratto col-
« l'impresario di suonare tre volte al mese in concerti coll'au-
« mento di 150 colonnati al mese oltre i 120 come suonatore d'or-
« chestra. Ora potrò avanzarmi qualche migliaio di franchi. Non
« dubitare che appena posso fare una somma di tre a quattro mille
« franchi che m'avanzino, te li mando, tu ne farai quell'uso che
« più ti accomoda ; io non ne voglio sapere ; sarò abbastanza con-
« tento di poter alla fine fare qualche cosa per chi fece tanto per me.

« Nei cinque giorni che mi sono fermato a New York, non ho
« fatto che girare ; partendo dall'Avana con un caldo oppres-
« sivo, respirai colà come al presente, quell'aria rigida che mi rin-
‹ frescò i polmoni e mi tornò sangue nelle vene: a guisa dei cani
« del S. Bernardo, mi misi a fiutare l'atmosfera che sapeva di neve.

‹ Io non ho ancora veduto Parigi e Londra posso farmene
« un'idea se New York viene posta subito dopo quelle. È in ef-
« fetto la gran città commerciale, popolata, pulita, elegante, frago-
« rosa ; vapori, strade ferrate, omnibus, carrozze, giornali a mil-
« lioni ; io non sapeva in che mondo mi fossi. Partimmo per Boston,
‹ altra città riguardevolissima, ove il liberatore di questa terra,
‹ Waxington, predicò massime tanto salutari ai popoli.

« Ovunque si parla l'inglese, cattiva pasta da masticare per
« noi. Un gran palo nel mezzo della città con appeso un beretto
« è l'insegna della città. Tutti lavorano per il bene della patria e
« si vive tranquilli.

« Sarebbero infinite le cose da raccontarti, ma non voglio pri-
« varmi del piacere di dirtele un giorno a voce.

« In questa città ci fermeremo fino alla metà di maggio per
« ritornare quindi a New York ove passeremo l'estate. Prima di
« tornare all'Avana faremo forse una gita a Philadelfia.

« Io ti terrò sempre informato di tutto, onde tu mi abbia a
« scrivere. Come sta la mamma? Come va l'Angelina? bene al
« certo. Mi fa stupore però come nell'ultima non vi sia menzionato
« la sorella; bisogna che sia in campagna presso qualche signora.
« Se la distanza che ci separa non fosse così potrei mandare qual-
« che bel vestito, ma mi riservo alla mia venuta. Di alla mamma
« che mi trovo in un paese ove si osserva la domenica assai più
« religiosamente che presso i Cristiani; in tal giorno è proibito di
« cantare, di giuocare, di bere liquori; ognuno va in Chiesa ove
« senza essere Cattolica si predica una religione moralissima, vera,
« degna della libertà di questi paesi e del bene pubblico.

« Mi rammento quello che ho promesso e il tempo deciderà.
« Non darti pena per ciò, se anche soffro qualche dispiacere in
« casa, la faccenda è così venuta d'abitudine che la mia salute non
« ne soffre sicuramente. Infatti sono venuto un pochettino grassot-
« tello. Intendiamoci sempre in relazione col mio fisico.

« Non so nulla dei miei fratelli. Quante volte l'havvi a pre-
« gare di sapermi dire qualche cosa. Scrivimi presto adunque di
« loro e delle cognate e dei nipoti, se alle volte sono cresciuti.

« Non ho tempo di scrivere a Della; * bensì digli che ho rice-
« vuto all'Avana due sue lettere, come due sono le tue. Digli che
« mi informi di tutto, che da parte mia farò lo stesso.

« Finita la scrittura farò un piccolissimo giretto per gli Stati
Uniti, quindi passerò a Londra ove mi si aspetta ansiosamente.

« Di là ti manderò una cambialetta per venire subito a tro-
« varmi assieme alla mamma e all'Angelina.

« Ho sentito con dispiacere che *Piatti* fu assai ammalato a

---

* Allude al distinto Maestro Comunale *Dellagiovanna*, persona colta e
geniale amicissimo del Bottesini.

19

« Bergamo. Ora salutamelo, se alle volte lo trovassi. *Novelli* il
« basso mi incombe di tanti saluti. *Arditi* pure, *Battaglini* quel fa-
« moso turco di Bre......

« La nostra compagnia fa furori e deve ringraziare la verginità
« del timpano americano, perchè altrimenti sarebbero d'ammaz-
« zare. Se si eccettua l'Ernani, le altre opere sono rovinate. Stuo-
« nazioni orrende ma sempre applaudite. Che bella fortuna! Non
« so come la faremo ritornando in Italia.

« Io ti saluto, ti mando un bacio per la mamma e l'Angelina.
« Sta allegro, salutami Della, S. Angelo, Terni, Monza, tutti i pa-
« renti ed amici e credimi sempre con tutto l'affetto

tuo amatissimo figlio
GIOVANNI.

Si crede opportuno, per completare le notizie della sua giovinezza e i primordi della sua ascensionale carriera, di riportare un
articolo estratto dalla *Gazzetta Musicale di Milano* del 23 settembre
1847 e un altro apparso nel giornale, *The Illustrated London News*,
che, tradotto dal Conte Fausto Sanseverino, venne riprodotto nel-
l'Almanacco Cremasco del Sac. *Solera* per l'anno 1853.

Dalla *Gazzetta Musicale di Milano* del 23 settembre 1847 :

« L'impresario del Teatro d'Avana, dovunque si trova, quando
« vuol fare un introito veramente pingue, non ha che ad annunciare
« un concerto o un intermezzo d'opera con Bottesini per avere il
« teatro o il salone come per incanto zeppo di spettatori, di cui
« ciascuno lascia più colonnati alla porta. Il giorno 10 dello scorso
« luglio, Bottesini, Arditi e i principali artisti dell'opera italiana,
« tra cui spicca la Tedesco, in un'accademia al Castle Garden,
« attrassero un concorso di cinque mila persone. Poi partirono per
« Filadelfia, Boston, e all'isola di Capo May, indi andranno a Sa-
« ratoga, Newport, percorrendo tutta la riviera del Nord per essere
« di ritorno a Nuova-York ed infine alla metà di ottobre restituirsi
« all'Avana. L'impresa fa marciare or di qua or di là la compa-
« gnia melodrammatica e con maggior frequenza di tutti, il Botte-
« sini e l'Arditi, i quali non possono mai avere un minuto di ri-
« poso e devono correre da una città all'altra, e veder sempre per
« loro opera ingrossarsi le tasche del fortunato impresario che è
« in trattativa di riconfermarli per un altro anno. Sivori che insieme
« ad Herz continua a girare l'America facendo tesori, sopra uno

« di questi fogli pubblicò una gentilissima dichiarazione nella quale
« manifestava il vivo suo desiderio di fare conoscenza e di strin-
« gere la mano all' incomparabile contrabassista di (1) e si con-
« gratulava con esso lui e con l'Italia delio straordinario successo
« dapertutto conseguito. Apparì una litografia coi ritratti congiunti
« di Arditi e di Bottesini. Quest' ultimo è fatto scopo di ovazioni
« del genere di quelle tributate alla Essler nel maggior parossismo
« fanatico per la unica danzatrice ».

Leggiamo fra l'altro in un giornale francese in questo paese
di recente apparso : « Il talento di Bottesini, lo diciamo con piena
« convinzione, è chiamato a far epoca nella storia dell'arte. Infatti
« è forse più meraviglioso di quello di Paganini, avuto riguardo
« alle difficoltà relative di ciascun istrumento. Per comprendere fino
« a qual punto Bottesini superò queste difficoltà, bisogna osser-
« varlo percorrere la mostruosa manicatura che egli stringe con un
« poderoso tatto, è uopo vedere gli azzardosi salti del suo arco,
« della sua mano sopra le corde tese, i trilli che eseguiscono le
« sue dita che hanno a un tratto l'arrendevolezza e la forza del-
« l'acciaio. E l'uomo che opera simili prodigi è giovane ed ha quasi
« l'aria di ragazzo ! Avvi un toccante contrasto fra questa maturità
« del genio e questa giovinezza del corpo ».

Nel numero del 29 novembre 1851 del giornale inglese *Illustrated London News* si legge :

« Non esitiamo a chiamare Bottesini la meraviglia musicale del-
« l'età nostra. Il violino fu il suo primo istrumento, ed a sette anni
« suonò un *a solo* sul teatro, facendo così la sua prima comparsa in
« pubblico. È singolare che mentre era ammaestrato nel violino, ebbe
« il capriccio di suonare il contrabasso, soddisfò a questo gusto
« eccezionale, suonando quel gigantesco strumento senza guida,
« e senza una giusta idea della possibilità di riuscire. Intanto che
« rapidamente progrediva nello studio del violino, si ebbe cura
« di addestrarlo anche sul gravincembalo, e vi si riuscì senza dif-
« ficoltà, avendo egli sortito sì straordinarie disposizioni per la
« musica. Giunto ai dodici anni, essendovi un posto vacante nel
« famoso Conservatorio di Milano, si pose nella lista dei candidati,

---

(1) Nell' articolo era scritto *Milano* ma ciò è un errore e si deve leg-
gere *Crema*.

« e la sua elezione ebbe luogo, come era dovuta a un sì distinto
« ingegno; ed il primo novembre 1835-36 entrò nel grande Istituto
« Musicale di Milano, ove strinse durevole relazione di amicizia
« con Piatti, celebre suonatore di violoncello. Luigi Rossi divenne
« maestro di Bottesini negli arcani del contrabasso, seguendo i me-
« todi di Andreoli e del rinomato Dragonetti. L'allievo di Rossi
« parla sempre del maestro apprezzando altamente l'ottima istru-
« zione da lui avuta. Mentre Bottesini vinceva le difficoltà del suo
« pesante contrabasso, studiava anche il contrappunto e la compo-
« sizione sotto Vacaj ed altri maestri. I suoi progressi furono così
« rapidi, che gli fu permesso di lasciare il Conservatorio tre anni
« prima del tempo prescritto; mentre gli allievi sono per regola
« fondamentale obbligati a rimanere fino ai 20 anni. Bottesini, spinto
« allora da giovanile vaghezza di una vita musicale ed errante, vi-
« sitò tutta l'Italia, ora suonando, ora componendo, talvolta scri-
« vendo sinfonie e improvvisando fantasie e romanze. Egli viaggiò
« in Germania, ma dopo aver suonato a Vienna, una grave malattia
« lo costrinse ad abbandonare per qualche tempo la sua carriera.
« Stanco della vita girovaga di artista, accettò di buon grado l'of-
« ferta che gli venne fatta di visitare il nuovo mondo, e per tre
« anni fu direttore dell'opera italiana all'Avana, avendo nella sua
« Compagnia la Stefanoni, Salvi e Marini.

« Gli Artisti italiani che sono stati associati a Bottesini si
« esprimono con parole del maggior entusiasmo sulla perizia di lui
« qual capo e direttore di un'orchestra. La prima comparsa del
« Bottesini avvenne nel 1849, nell'accademia annuale del signor
« Anderson. I direttori del reale teatro dell'opera italiana, Convent-
« garden apprezzando la meravigliosa abilità del Bottesini gli pro-
« cacciarono l'opportunità di farsi udire nel loro teatro in una ac-
« cademia la mattina del 30 maggio 1849. Non mai dimenticheremo
« la sensazione prodotta all'apparire di quel suonatore! Nella se-
« conda parte del programma un giovane pallido che le signore
« trovarono e trovano tuttora assai interessante, si fece innanzi per
« eseguire sul contrabasso il *Carnevale di Venezia* di Paganini.
« Sarebbe impossibile descrivere l'entusiasmo degli uditori. Costoro
« e tutta la sua orchestra si unirono di tutto cuore al sorprendente
« trionfo del giovane suonatore; la Grisi, la Persiani, la Duros-Gras,
« la Hayes, la Angri, la Corbari, la De Marie, con Mario, Sims
« Reeves, Tamburini ecc. ecc. furono veduti dai palchetti e al suo

« fianco applaudire furentemente alla italiana meraviglia. Bottesini
« ritornò a Londra nella primavera di quest'anno, e si fece udire
« per la prima volta il 19 maggio nelle sale di Hanover-square,
« all'ultima accademia data da Madamigella Catterina Hayes ; il dì
« seguente suonò alla Società Musicale, e il 26 all'Accademia Fi-
« larmonica. Il giorno 2 al concerto di Ernest eseguì con Piatti un
« pezzo a due di un effetto incomparabile. Nella presente stagione
« egli raggiunse l'apice della popolarità. Julien ebbe la buona sorte
« di impegnarlo per una serie di accademie al teatro Druwy-lane,
« e Bottesini eseguì ogni sera la sua musica meravigliosa innanzi
« ad una immensa folla di uditori, il cui entusiasmo va ogni dì
« più aumentando. Il suo modo di suonare e il suo stile hanno una
« impronta tutta propria ; egli dà al suo contrabasso con una ine-
« sprimibile dolcezza l'espressione del sospiro, come fosse il liuto
« di una amante, mentre niuno lo sorpassa per forza, delicatezza e
« precisione nei passaggi.

« La sua esecuzione è gradevole quanto sorprendente, mera-
« vigliosa quanto graziosa, armoniosa quanto melodiosa ; è così
« perfetta che produce i più squisiti suoni con irreprensibile giu-
« stezza d'intonazione. Il modo con cui egli esprime sul suo stru-
« mento il canto del tenore nell'aria della Sonnambula e il Carne-
« vale di Paganini è assolutamente ammirabile e incomprensibile ».

Ed ora passo a ricordare con maggior precisione di dettagli,
la di lui eccezionale abilità nel concertare sul contrabasso, essendo
che fu proprio questo mastodontico istrumento, generalmente ritenuto destinato soltanto a sostenere l'edificio armonico delle orchestre, fu proprio quello che fece conoscere Bottesini, ancor giovanissimo, al mondo civile, e ad accelerare la di lui carriera quale
Direttore d'orchestra e Compositore.

BOTTESINI ED IL SUO CONTRABASSO

III.

L'ARTE CONTRABASSISTICA

DI

GIOVANNI BOTTESINI

IL SUO CONTRABASSO. — Abbiamo già detto che Bottesini, abbandonato il Conservatorio, ebbe dalla Direzione dello stesso la somma di L. 300, e da un parente di Crema, il cugino Racchetti un imprestito di L. 600 per procurarsi un contrabasso. Questo istrumento che era un buonissimo Testori, di dimensioni regolari senza essere soverchiamente grande, ha una storia che deve essere ricordata, riportando quanto scrive il suo fido amico ed ammiratore Cesare Lisei, che per una lunga serie di anni fu Procuratore Generale della Casa Ricordi a Parigi. Questo istrumento, dopo di avere appartenuto e servito al contrabassista milanese Fiando, alla morte di questi fu posto a dormire in uno dei magazzini del teatro marionettistico omonimo, e vi rimase dimenticato fino a che il contrabassista Arpesani, il quale era forse il solo che ne conoscesse l'esistenza, ne consigliava l'acquisto al Bottesini. Allorchè essi si presentarono a farne ricerca, non fu senza fatica che lo si potè estrarre dal ciarpame di marionette in cui era letteralmente sepolto, senza una corda, carico di polvere e gradito albergo di una miriade di ragnateli. Portateselo a casa, il Bottesini s'accinse subito a pulirlo, lo montò egli stesso, e colpito dalle sue eccellenti qualità, suonò tosto tuttociò che seppe ricordare, suonò a stordirsi al segno da dimenticare il pranzo e non si allontanò dall'istrumento, che quando cadutogli per stanchezza l'arco si accorse di avere il braccio quasi paralizzato.

È questo l'istrumento che doveva accompagnare il Bottesini di trionfo in trionfo, nei suoi giri artistici attraverso i due mondi; esso fu il suo compagno indivisibile, che teneva sempre presso di sè e che custodiva con figliale affetto. *

Morto il Bottesini, questa vera reliquia d'arte, passò ai di lui eredi, i quali lo vendettero per L. 25.000 ad un avvocato di Torino, che poco dopo lo rivendeva a degli Inglesi, effettuando un notevole guadagno.

Dove oggi si trovi non mi fu possibile rintracciare.

LE TRE CORDE. — Questo contrabasso era armato di tre corde (la - re - sol) e sempre lo suonò così il Bottesini, seguendo in ciò la classica scuola italiana.

Di questa preferenza per i contrabassi a tre corde, dà ampia spiegazione nel suo metodo per contrabasso. Per lui il contrabasso, tanto per la facilità e sicurezza della digitazione, quanto per la rotondità e purezza dei suoni che lo caratterizzano, richiede tre corde solamente. E dopo una lunga serie di esperienze, conclude col dire che il contrabasso a quattro corde (mi - la - re - sol), che si usa poco in Italia e con maggior frequenza all'estero, se ha il vantaggio di scendere una terza più in basso, perde di robustezza e di limpida sonorità, la quale, a suo dire, sta per l'appunto in ragione inversa al numero delle corde.

L'ARCO. — È noto come ai tempi del Bottesini, fossero in uso due archi. L'uno detto alla Dragonetti, dal nome dell'Illustre Professore, assai corto ed arcuato, l'altro più diritto, che permette una maggior lunghezza, ed assomiglia a quello di cui si servono i suonatori di violoncello e si impugna quasi come si usa da questi. Quest'arco dovrebbe avere la lunghezza di 55 centimetri per i suonatori di orchestra, e di 70 circa per i solisti.

Il Bottesini ha sempre usato questo secondo arco, che permette una maggior continuità di suoni e anche di eseguire quelle strappate a note doppie che sono possibili su questo mastodontico istrumento.

Bottesini eseguì anche numerosissimi quartetti e quintetti assieme ai più grandi concertisti del mondo che incontrava nei suoi viaggi e che si ritenevano onorati di poter condividere la loro valentia colla sua. Il paziente e distinto raccoglitore di notizie musicali il signor Andrea Valentini nella sua Opera " Musicisti Bresciani „ a pag. 16 parlando del celebre Bazzini, ricorda un concerto datosi a Londra nel 1856, dagli italiani Bazzini, Arditi, Piatti e Bottesini e soggiunge :

Fu quello un concerto, che destò rumore nel mondo musicale, sia per la valentia degli insigni artisti che lo hanno dato, sia per l'esecuzione dei cinque famosi quartetti d'arco scritti dal Donizetti, quando non aveva che 18 anni : quartetti rimasti ignoti per molto tempo, ed allora suonati per la prima volta.

A completare il quadro delle qualità artistiche e intellettuali
di questo sommo concertista, credo opportuno riportare un articolo
del noto e valente critico musicale *Filippo Filippi* apparso nel numero 212 del giornale *La Perseveranza* di Milano il 22 giugno 1860,
col quale, facendo il resoconto di un concerto datosi al Teatro
della Canobiana da Sivori e Bottesini, e che fu per Milano un vero
avvenimento artistico, tratteggia con mano maestra le diverse doti
di questi due grandissimi concertisti.

‹ Non era la prima volta che Sivori e Bottesini meravigliavano
‹ il pubblico colla gara e l'unione di quei due istrumenti che a ve-
‹ derli sembrano inconciliabili: anche recentemente fecero in Inghil-
‹ terra una scorreria artistica viaggiando e suonando da Edimburgo
‹ a Dublino con somma soddisfazione dei flemmatici buon gustai del
‹ Regno Unito, che ascoltavano la bella musica come un sermone di
‹ un ministro evangelico.

‹ L'esito, ad onta si conoscessero da lungo tempo i due celebri
‹ virtuosi, si può dire abbia superato le più esigenti aspettative ; e
‹ fu un applauso, una ovazione continua, a cui presero parte anche
‹ le gentili signore, che picchiavano il ventaglio sulle graziose mani
‹ ed agitavano in segno di festa il fazzoletto.

‹ Bottesini, quando comparve il primo sulla scena, abbracciato
‹ all'immane contrabasso, fu accolto da un saluto che esprimeva la
‹ ricordanza nel pubblico dei passati trionfi ; suonò una commovente,
‹ elegantissima fantasia sulla Sonnambula di Bellini, e la soave ap-
‹ passionata semplicità di quei canti ritrasse con una espressione
‹ così notevolmente giusta, da confondere il suono delle spaziose
‹ corde col canto più tenero ed appassionato che possa emettere
‹ una voce insinuante.

‹ Quando il pubblico fragorosamente domandò la replica, il cor-
‹ tese suonatore rispose col Carnevale di Venezia, in cui non so se
‹ sia più ammirabile la prodigiosa vertigine della esecuzione o la
‹ grazia e la originalità delle bellissime variazioni di genere burlesco.

‹ In tutte queste flebili delicatezze, questi disegni a fine cesello,
‹ queste voci che paiono d'angeli e di vergini fanciulle, escono dal
‹ cupo e vasto seno di un istrumento che a volte ai gemiti lamen-
‹ tevoli unisce formidabili ruggiti, e suoni profondi, agitati e tempe-
‹ stosi ; sotto la pressione intelligente di quelle dita fatate, l'istru-
‹ mento obbedisce con una giustezza e spontaneità che è forse il

« pregio più singolare del Bottesini, il quale ha un'intonazione per-
« fetta, aerea, che delizia dolcemente l'orecchio, purtroppo abituato
« alle perpetue oscillazioni dei suoni. Le acclamazioni raddoppiarono
« quando i due artisti suonarono insieme il duetto per violino e con-
« trabasso: il Bottesini non è solamente un acrobata musicale che
« camminando colle dita sulle corde sterminate, cava deliziose armonie
« e singolari difficoltà; egli è uno dei più valenti compositori di cui
« si possa vantare oggi l'Italia così ricca di eroi e così povera di
« maestri.

« Bottesini ha una organizzazione musicale straordinaria, un in-
« gegno forte, una ispirazione elevata.

« Il duetto a cui accenniamo, quantunque di relativa importanza,
« rivela facilità d'invenzione melodica, spontaneità di fattura, cono-
« scenza degli effetti, ed un arte di condurre i pensieri, di atteggiare
« le forme, da cui si può arguire robustezza di ingegno e fecondità
« di ispirazione, degne dei più grandi ardimenti.

« Sivori e Bottesini lasciarono indimenticabili impressioni, e non
« diedero occasione a confronti, i quali *sono fuori di quel limite ove*
« *l'identità assoluta del bello esclude qualsiasi differenza :* pure vo-
« lendo notare le speciali prerogative del loro ingegno, i vari effetti
« sull'anima e sull'intelligenza di chi li ascolta, la critica potrebbe
« dire che Bottesini intende l'arte costantemente, e colla semplicità,
« colla purezza, colla intimità del sentimento desta quelle emozioni
« che accarezzano l'udito e serenano il cuore.

« Sivori invece è più pagano, sensuale; i suoi canti hanno gli
« ardori latenti della passione, sono come animati da quel soffio tro-
« picale che ha suscitato il suo estro quando percorse le lussureg-
« gianti contrade del nuovo mondo, è un impeto, un calore che si ri-
« velano anche in quella specie di ansia, di spasimo, con cui spesso
« l'imaginoso artista si impadronisce di una melodia, ne mormora le
« estreme parole, e poscia ne varia con trascendentali melodie i sem-
« plici lineamenti.

« Bottesini disegna, scolpisce la forma, Sivori colorisce a tinte
« smalianti; l'uno commuove e rapisce; l'altro sorprende e trascina.
« In ambedue è comune la tempra d'*italianità* che si identifica col
« carattere della nostra musica, e ne rende così patenti le sensazioni ».

L'arte contrabassistica del Bottesini era tale da interessare non
solo i dotti, ma da sorprendere ogni genere di persone, rendendole

spesso di buon umore. Prova ne sono le svariate caricature che del Bottesini furono stampate ed i numerosi scritti umoristici su di lui pubblicati. Nel Volume L $\frac{1}{6}$ " *Miscellanea di cose cremasche* „ che si trova nella Biblioteca Comunale di Crema, a pag. 220, è riportato un allegro e bonario popolare articolo, intitolato: « BOTTE-SINI A NAPOLI » che si riproduce, non tanto per il suo valore intrinseco, ma come una sincera impressione dell'effetto irresistibile che la sua arte contrabassistica esercitava sulla folla.

« — Foste mercoledì a Monteoliveto a sentire il contrabasso « magico di Bottesini?

« — No.

« — E perchè non ci andaste?

« — Perchè tutti i biglietti erano esauriti.

« — Bella ragione!

« Oh! se aveste veduto Bottesini a cavallo al suo contrabasso, « stringerlo, percuoterlo, carezzarlo, pizzicarlo, baciarlo, come si fa- « rebbe di una cara.... cosa, avreste fatto il diavolo a quattro con le « mani e con la gola, precisamente come fecero tutti i presenti, come « hanno fatto i passati che lo hanno udito, e come faremo tutti futuri « che avranno il piacere di sentirlo.

« lo me ne uscii dall'accademia con una testa grossa quanto la « botticina di Bottesini, alias il suo contrabasso.

« Signor Bottesini carissimo, arcicarissimo, perdonatemi, io mi « levo il cappello alla vostra abilità, e me lo levo a due mani, ma « vi tengo pel primo professore.... prestigiatore.

« Negatelo e scusatevi, come volete, ma io vi dico e vi sostengo « che il vostro contrabasso grosso grosso voi ci avete nascosto tanti « diavoletti, e diavoloni, dei quali uno è il professore di clarinetto, « un altro un suonatore di oboe e poi ci avete una ventina di vio- « lini, 5 viole, 2 violoncelli, un corno, un trombone, ed anche un « pianoforte verticale, o con la coda, come vi piace. Non dite di « no, perchè se tutta questa roba non ista nascosta dentro il vostro « contrabasso, dovrò dire che non è vero che voi avete suonato, « oppure che non vi abbiamo udito, io e 800 o 900 persone.

« Voi che domine fate con quella botte fra le gambe? Dall'ul- « timo degli strumenti, dal papà, dal nonno, dal bisavo del violino, « della viola, del violoncello, e di tutta la famiglia delle budella di « animale accordate e scordate sopra un cassettino o cassettone di

« legno, voi avete l'arte, la scienza, il talento e l'artifizio di stillare
« tanta dolcezza, tanto sentimento, tanta vita, anima, affetto ed ef-
« fetto da fare stordire mezzo mondo, perchè suppongo che l'altra
« metà la facessi restare stordita io con la lettura di questo che scrivo.

« E tutto questo sopra tre budella di vacca strofinate da quattro
« crini della coda di un cavallo! Far cantare le budella e le code
« delle bestie è quanto si può dire di più incredibile e sorprendente!

« Ma Bottesini veramente non è lui quando suona.

« Potrebbe essere, per esempio un Giove Olimpico; l'aquila mae-
« stosa sarebbe rappresentata dal maestoso strumento che tiene fra
« i piedi, l'archetto nella destra è lo scettro, la sinistra è armata da
« fulmine.

« Un fulmine! misericordia!

« Signori anche un fulmine: quella mano guizza, scroscia, corre,
« vola, sale, scende nè più nè meno che un fulmine, una saetta; e
« certe volte voi sentite pure una tempesta di suoni, come i trilli, e
« tutta quella diavoleria che fece in ultimo del Carnevale di Venezia.

« Il prestigiatore Bottesini da Giove, paff, si cambia, ossia cambia
« quell'elefante degli istrumenti, ne abbandona la proboscide, — la
« proboscide s'intende è il manico, — e si mette a grattare l'ele-
« fante sotto la pancia; ma lo gratta come Thalberg gratterebbe i
« denti dell' elefante, ossia la tastiera del pianoforte.

« Voi allora sorpreso vi guardate intorno o meglio guardate
« dietro Bottesini, per vedere se fosse Sebastiani col suo clarinetto,
« Pinto col suo violino, Albaro col suo flauto.

« Nossignori. Siamo là! e l'archetto è lo scettro, è la verga ma-
« gica di Bottesini che vi fanatizza, vi entusiasma, vi rapisce.

« E mentre state con la bocca aperta a sentire il più acuto suono
« a mezza voce della più acuta corda di quel creduto violino, —
« zaffete, — una contrabassata grave, solenne, ardita, vi richiama alla
« realtà del violone! Bottesino mio, voi siete un portento, e se non
« siete un diavolo, siete un genio col contrabasso in mano.

« E siccome tre sono le corde del contrabasso, così tre furono
« i pezzi fatti a pezzi dai più frenetici applausi.

« Se dovessi dire se mi piacque più la fantasia sulla Sonnam-
« bula, o quella sul Carnevale di Venezia, o il Capriccio mi imbro-
« glierei, perchè mi pare che tutti e tre facevano a chi poteva
« essere meglio dell' altro.

« Ma, se non mi avesse sedotto il Carnevale, mi avrebbe preva-
« ricato il Capriccio che è come capriccetto di una spiritosa civet-
« tola che vuole inamorarvi col canto, col ballo, con gli occhi, col
« sorriso, con le lagrime, con le moine, con tutti gli artifizi della
« seduzione sino al punto di dare a quella Crema di pubblico la
« baldanza di far gridare furiosamente il bis.

« Ed il bis ci fu e non ci fu ; perchè Bottesini suonò, ma
« suonò un' altra novità più saporosa della prima e della seconda.

« E poi questo capricciosissimo Capriccio si era fatto annunziare
« come sua composizione : lo che, in confidenza, non mi sorprese
« quando poi seppi zitto zitto che il Bottesini è l'autore di un spar-
« tito dato a Parigi sotto il titolo di Assedio di Firenze. E siete stato
« tanto da venirvene a Napoli !

« Ma voi oltre di voi stesso ci presentaste qualche altra cosa
« di buono in vostra compagnia.

« In primis ci faceste sentire un settimino sul Guglielmo Tell,
« ridotto dal maestro Pasquale Mugnone, che stava al piano forte, —
« essendo deciso che dove c' è un' Accademia ed un pianoforte, ci
« deve essere Mugnone immancabilmente. — E poi ci faceste suonare
« la sinfonia della Schiava Saracena, che fece nascere una mezza
« rivoluzione di applausi interminabili.

« Quelle benedette tre budelle secche di Bottesini ci avevano
« legati su quelle sedie, stretti, pigiati, incomodi, sudando e spietati
« che non ce ne volevano far andare. Spietati pure fummo ; gnorsì.
« Si ebbe il coraggio di chiedere al Paganini e al Thalberg del
« contrabasso il bis del Carnevale di Venezia! Ed egli lesto là con
« una faccia ferma, e artisticamente compiacente, tà, tà, tà -- zì, zi,
« zì, --- bu, bu, bu, - - nta, nta, ... finchè

« *Più che il core gentil potè stanchezza :*

« e come un gladiatore romano uscito dall' arena, e un toreador
« andaluso dopo la caccia del toro, il poveretto in mezzo ad un
« *hourra,* a un diavolio di grida e di applausi

« *Cadde siccome corpo stanco cade* ».

Non posso però abbandonare questo capitolo senza prima con-
futare un giudizio manifestato dal Sig. Dott. Nicola Eustacchio Cattaneo nella mediocre sua FRUSTA MUSICALE pubblicata nel 1836
pall'Editore Pirola di Milano, dopo di aver sentito, a suo dire, un

famoso Professore, a proposito dei concerti di contrabasso in genere, sostenendo che cogli stessi si viene *a snaturare un istromento, — a convertire l'arte musicale in un'arte da giocoliere e da ciurmadore, — ad impiegare lunghissimi anni per raggiungere complicazioni eterogenee alla natura dell'istromento, — e che coll'avviarsi al complicato ed al difficile si dimentica che la maggior bellezza sta nella difficile semplicità.*

Mi affretto a constatare che il *famoso Professore di contrabasso,* cui allude il Cattaneo, e di cui non fa il nome, non poteva essere nè il Dragonetti, il precursore di Bottesini, perchè troppo vecchio, perchè nato nel 1763, nè il Bottesini, che avrebbe avuti soli quindici anni ed era ancora nel Conservatorio. Se questo famoso Professore di contrabasso fosse stato il Bottesini, il Cattaneo avrebbe di certo modificato il suo giudizio sui concerti di contrabasso.

Ma è proprio vero che snatura il proprio istrumento quel suonatore che lo studia in modo così perfetto da farlo conoscere ed apprezzare in tutte le più svariate forme di cui è suscettibile ? Se queste forme poi si riassumono, in un concerto, che è la espressione più elevata e completa della potenzialità di un determinato istrumento, arrecando in chi l'ascolta diletto, ammirazione ed elevati sentimenti artistici, può questo studioso artista paragonarsi ad un giocoliere, ad un ciurmadore, che cerca di uccellare la buona fede del pubblico ? Questo artista, che raggiunge col suo amato istrumento l'apice della perfezione, non è un semplice artefice esecutore di banali difficoltà, ma un vero creatore di un'opera d'arte che si impone alla nostra ammirazione.

Se le teoriche affermazioni del Cattaneo fossero vere e fondate, esse condurrebbero all'assurdo, a negare cioè valore artistico ai pregievolissimi concerti del Paganini, del Sivori, del Piatti, del Bazzini, dell'Herz, del Rubistein e del russo Koussevitzky, l'attuale emulo del Bottesini, il quale se lo eguaglia nella elevatezza dell'interpretazione, nella soavità del canto e nel cesello dei particolari, non lo supera però nella vivacità degli allegri e nella foga delle smaglianti sue perorazioni finali.

BOTTESINI AL CAIRO

IV.

BOTTESINI

DIRETTORE D'ORCHESTRE E CONCERTI

Giovanni Bottesini radunava in sè tutte quelle doti che un Direttore d' Orchestra, se ottimo, deve possedere.

Allo squisito intuito dell'arte in tutte le sue manifestazioni, egli univa studi musicali vasti e profondi : la perfetta conoscenza di tutti gli istrumenti e dei loro particolari effetti, un innato senso di fine osservazione, l' esperienza che si accumula per avere sino da giovinetto vissuto nelle orchestre e nei concerti, raccogliendo così dalla stessa bocca di insigni maestri le loro osservazioni e commenti ; egli, circondato dall'aureola del genio, sapeva colla espressione del viso e colla sicurezza della bacchetta trasfondere l'animo suo nei suonatori e farsi da questi amare ed obbedire.

L' essere egli diventato uno dei più insigni Direttori d'orchestra del suo tempo fu, più che altro, la logica conseguenza del suo talento e dell'ambiente in cui ha sempre vissuto. Anche in questo ramo dell'arte la sua carriera fu rapida e gloriosa, tanto che lo vediamo a ventiquattro anni a dirigere gli spettacoli teatrali dell' Avana, nel 1847 dirigere la propria opera Cristoforo Colombo allo stesso teatro, nel 1848 dirigere in Inghilterra i famosi concerti di Buchingam e di Birmingam organizzati dal noto Julien, nel 1853 l'opera a Nuova Orleans e ricevere l'incarico di organizzare il Conservatorio musicale del Messico, nel 1855 nuovamente Direttore degli spettacoli operistici all' Avana, nel 1856 Direttore al Teatro Imperiale Italiano di Parigi, e poscia alternarsi alla Esposizione Universale di Parigi col celebre Berlioz la direzione di quel formidabile esercito di Professori che era stato espressamente scritturato per la grandiosa circostanza, per poi passare nelle sale del Ventadour a reggere quella dotta orchestra.

Nel 1866 andò a Pietroburgo a darvi concerti sotto la direzione di Rubinstein, — tornato a Parigi nel 1867 combinò col noto impresario Ulmann una felicissima *tournée* in Francia, Danimarca, Svezia e Norvegia, e poi nel 1868 lo vediamo acclamatissimo a Wiesbaden, — e nel 1869 intraprende e come direttore e come concertista una nuova *tournée* in Francia, sempre coll'impresario Ulmann, avendo a compagni il violinista Vieuxtemps, l'arpista Godfroid e celebri cantanti, ma poi, scoppiata la guerra Franco-Prussiana, passa a Londra, ove scrive l' opera buffa brillante e fortunata *Alì Baba*.

Napoli, ove il Bottesini era conosciutissimo, fu per lui gradito soggiorno, specie nell'età matura : soggiorno che alternava di frequente con quello del Cairo.

La Spagna ed il Portogallo, ove il di lui nome era ·diventato popolare, lo ospitarono parecchie volte. Nel 1866 venne chiamato a Madrid a dirigere i rinomati concerti del *Buen Retiro*. Era ammesso alla Corte del Re di Spagna che lo nominò Commendatore dell'Ordine di Isabella la Cattolica. — Nel 1881 venne scritturato per cinque concerti al teatro S. Carlo ed il risultato riuscì così brillante che il Re del Portogallo, invitatolo a Corte. gli conferì la Commenda dell' Ordine di S. Iago.

La conferma però della eccezionale sua abilità a Direttore d'Orchestra l'ebbe la sera del 24 dicembre 1871, allorquando al comando della sua bacchetta si rappresentò per la prima volta al Cairo, nella ricorrenza dei festeggiamenti per il taglio dell' Ismo di S.ez, l'Aida avanti ai primi dignitari di tutto il mondo, avanti ai più rinomati critici delle nazioni civili, avanti ad un affollatissimo pubblico cosmopolita che si entusiasmò, si esaltò al punto da raggiungere il parossismo. Questa prima rappresentazione e le successive che continuarono per molti mesi, segnarono la data di un solenne avvenimento artistico non mai verificatosi nella storia delle prime rappresentazioni celebri.

Le vicende della prima rappresentazione dell' Aida sono ben note. Essa avrebbe dovuto avere luogo nel 1870, ma la guerra Franco-Prussiana ha fatto rimandare i festeggiamenti all' anno successivo; un anno in più di preparazione fece sì che i festeggiamenti stessi, e con essi la rappresentazione dell' Aida riuscissero più completi e imponenti.

Bottesini venne prescelto a Direttore dallo stesso Verdi e dall' Editore Ricordi. La messa in scena, oltremodo sfarzosa ed imponente, era affidata all'ancor oggi vivente Comm. D' Ormeville.

Verdi stesso, che pienamente confidava nell' ingegno e nella valentia del Bottesini, gli diede direttamente a voce e per iscritto tutte le più dettagliate istruzioni.

Se però, dopo le rappresentazioni dell'Aida, le eminenti sue doti a Direttore d' Orchestra furono per così dire da tutti riconosciute, ben altre maggiori soddisfazioni, d' indole morale, si ebbe il nostro Bottesini, quella di vedersi accresciuta la sua reputazione presso i più eminenti artisti e compositori dell' epoca e quella di vedersi costantemente confermata, nel modo più lusinghiero, quella alta stima e deferente amicizia che di lui aveva Giuseppe Verdi.

Dal carteggio allora intervenuto fra queste due celebrità, riproduciamo alcune lettere che confermano il fatto apprezzamento.

Genova, 7 dicembre 1871.

" *Carissimo Bottesini,*

« Ti sono ben grato di avermi dato notizie delle prime prove
« d'Aida e spero, che me ne darai altre quando sarai in orchestra,
« e più mi darai anche notizie esatte, sincere, vere, dell'esito della
« prima sera.

« Dimmi pure tutta la verità che io, vecchio soldato, ho il
« petto corazzato bene e disposto anche a ricevere le palle.

« Ho fatto un cambiamento nella stretta del duetto delle due
« donne nel secondo atto. L'ho mandato da due o tre giorni fa a
« Ricordi, che deve già averlo spedito al Cairo. Appena arrivi, io
« ti prego caldamente di farlo ripassare alle due artiste e di farlo
« eseguire. La stretta che vi era mi è parsa sempre un po' comune.
« Questa che ho rifatta non è tale e finisce bene, se col ritornare
« al motivo della scena del primo atto, la Pozzone lo canterà mar-
« ciando a stento verso la scena.

« Addio, mio caro Bottesini, grazie di nuovo. La Peppina ti
« saluta, ed io ti stringo affettuosamente le mani.

Tuo aff. G. VERDI

Genova, 10 dicembre 1871.

" *Caro Bottesini,*

« T'ho scritto due giorni fa, e non t'ho pregato di cosa in cui
« mi sta tanto a cuore. Quello che non ho fatto allora lo faccio
« adesso.

« Ti prego dunque caldamente a volermi dare notizie dell'ul-
« timo duetto appena avrai fatte due o tre prove d'orchestra. Non
« ti rincresca scrivermi due o tre parole appena lo avrai provato
« bene in orchestra ed altre due parole dopo la prima recita, che
• mi dicano *l'effetto* sincero di questo pezzo. Tu, leggendo lo spar-
« tito, capirai che io ho messo tutta la cura in questo duetto, ma
« appartenendo esso al genere (dirò vaporoso) potrebbe darsi che
« *l'effetto* non corrispondesse ai miei desideri. Dimmi dunque schiet-
« tamente tutta la verità, che questa verità potrà essermi utile.

38

« Parlami solo del 3/4 in *re b* (il canto di Aida) e dell'altro canto
« a due in *sol b*. Dimmi del canto dell'istrumentale sempre dal lato
« *effetto*.

« Aspetto dunque queste due lettere, una dopo alcune prove
« d'orchestra, l'altra dopo la prima recita. Io te ne sarò gratissimo.

« Salutandoti anche a nome della Peppina mi dico

tuo aff. G. VERDI

(Dirigi Maestro Verdi - Genova).

Genova, 27 dicembre 1871.

" *Caro Bottesini,*

« Non ti so dire quanto io ti sia grato del gentile pensiero
« d'avermi inviato un telegramma dopo la prima recita. È una
« obbligazione che ho di più con te oltre alle tante altre per le
« affettuose cure da te prodigate a questa povera *Aida*. Ed oltre
« le premure so del talento da te dimostrato nel dirigerne le prove
« e l'esecuzione, cosa di cui io non dubitavo punto.

« Grazie dunque, mio caro Bottesini di tutto quello che hai
« fatto per me in questa circostanza, e ti prego di porgere i miei
« più sentiti ringraziamenti a tutti quelli che hanno preso parte
« all'esecuzione di quest'opera.

« Aspetto sempre risposta all'ultima mia. Mi interessava e mi
« interessa ancora avere notizie esatte particolare dell'effetto dell'ul-
« timo pezzo.

« Bada bene che io non ti parlo del valore, ma unicamente
« dell'*effetto*. Se non mi hai già scritto, scrivimi lungamente su
« questo e dimmi pure tutta la verità.

« Desidero sapere quali sono gli effetti d'orchestra, quali quelli
« del canto, e sopratutto l'*effetto* complessivo, ossia quale impres-
« sione produsse. Aspetto con ansietà questa tua lettera.

« Rinnovandoti i miei ringraziamenti, e coi saluti della Pep-
« pina, mi dico

tuo aff. G. VERDI

Milano, 13 gennaio 1872.

" *Caro Bottesini,*

« Prima di tutto ti ringrazio dello zelo grandissimo da te di-
« mostrato per l'esecuzione di Aida, e mi rallegro teco del talento
« nello interpretare la medesima. Poi ti dirò che ti sono obbliga-

‹ tissimo per le osservazioni delle ultime tue lettere, delle quali
« trarrò profitto. Amen dunque su questo. Ti ringrazio di nuovo e
« desidero continui il successo.

« Io ho qui incominciate le prove, ma (il diavolo ci ha messo
« le corna) facendomi ammalare Capponi. Bisogna accontentarsi di
« Faucelli, e non vi è rimedio.

« Abbiamo qui quest'anno buoni elementi d'orchestra e cori....
« di questi circa 120 e 90 professori d'orchestra. Si sente una so-
« norità (grossa rotonda) senza urli di tromboni.

« Non avremo certo la ricchezza di (mise en scéne) del Cairo,
‹ ma sarà conveniente, ed in fine se il diavolo ripeto non continua
« a metterci le corna, qualche cosa si potrà ottenere.

« In questi giorni ho fatto una sinfonia per l'Aida. Fammi il
« piacere di dire a Braneth Bey che se produrrà qualche *effetto*,
« mi farò un dovere di mandargliela subito onde sia unita allo
« spartito del Cairo.

« Quando hai mezz'ora di tempo dammi notizie tue e del teatro.

« La Peppina ti saluta tanto ed io ti stringo le mani e mi dico

tuo aff. G. VERDI

Gli originali di queste lettere furono gelosamente custoditi nella
Biblioteca del Conservatorio Musicale di Trieste dal solerte e distintissimo Bibliotecario della stessa Sig. Teodoro Costantini, e delle
stesse si è pure occupata la *Rivista Musicale Italiana*.

Nel Regio Conservatorio Musicale di Parma si custodiscono,
in apposito scaffale, ben nove bacchette d'avorio, di tartaruga, d'e-
bano, d'oro, d'argento, ed in legno, fregiate di ricchi ed artistici
ornamenti, attestazione di stima, affetto ed ammirazione di Professori, di Orchestre e di Società Orchestrali.

Dopo il clamoroso successo dell'Aida, innumerevoli furono le
continue ed insistenti richieste da parte di coloro che lo volevano a
Direttore d'Orchestra o ad organizzatore di pubblici trattenimenti
musicali, ma da quell'epoca però il Bottesini, se non trascurò, anche
per ragioni finanziarie, nè il suo contrabbasso, nè la direzione di
opere o concerti, concentrò invece tutta la sua attività nella composizione nella quale aveva già ottenuti splendidi successi e per la
quale provava irresistibile predilezione.

BOTTESINI A 45 ANNI

V

BOTTESINI COMPOSITORE

Ed ora debbo rievocare Bottesini compositore.

Il compito però non è facile, essendo egli stato alquanto disordinato, a causa della sua vita sempre movimentata, senza una stabile casa propria, vissuta quasi sempre negli alberghi o nelle pensioni : le sue musiche quindi rimasero sparse, abbandonate quasi sempre nelle valigie, così che molte andarono perdute.

Egli non aveva un unico editore, al quale consegnasse normalmente i propri originali per la loro pubblicazione, ma spesso questi o venivano pubblicati nella città ove si trovava, o venivano regalati alle persone cui erano stati dedicati, di modo che gli originali delle sue composizioni si trovano dispersi nelle Biblioteche dei Conservatori, presso Società Orchestrali, o presso privati. Ad onta delle fatte pazienti ricerche, non mi fu possibile compilare un elenco sistematico e cronologico delle numerose composizioni del suo fecondo ingegno.

Debbo quindi limitarmi a ricordare quelle che mi fu possibile rintracciare colla certezza che altre e numerose ancora ne esistono.

Composizioni didattiche per contrabasso.

La principale è il pregievolissimo *Metodo per contrabasso* edito dal Ricordi e del quale furono fatte parecchie edizioni : esso è un lavoro completo che non ha riscontro coi metodi prima pubblicati, tanto che ancor oggi viene usato e studiato nei Conservatori e nelle Scuole Musicali (1).

Dopo una breve prefazione e la tavola grafica delle posizioni, segue il metodo che si suddivide in due parti, trattando nella prima

---

(1) Va ricordato però il breve e succinto metodo del celebre Dragonetti Domenico nato a Venezia il 7 aprile 1763 e morto a Londra il 16 aprile 1846. Chi volesse approfondire la storia del contrabasso potrebbe consultare con utilità e diletto la estesa monografia scritta dal *Cappi Francesco* sul ricordato Dragonetti pubblicatasi a Padova nel 1846.

del contrabasso come istrumento d'orchestra, e nella seconda del contrabasso come istrumento solista. Lo chiude una serie di studi melodici con accompagnamento di pianoforte.

Composizioni per contrabasso e pianoforte.

Appartengono a questa categoria quelle numerose composizioni del Bottesini, scritte per eseguire nei suoi concerti, le quali sviluppano temi originali, quali lo strabiliante *Carnevale di Venezia*, e la famosa *Tarantella* che l'attuale emulo di Bottesini, il celebre russo Koussevisky eseguisce sempre in tutti i suoi concerti in omaggio alla memoria di Bottesini; oppure si aggirano su motivi di opere conosciute, quali la Sonnambula, la Lucrezia Borgia, la Lucia di Lamermoor ed altre. Queste composizioni esistono in parte nella biblioteca del Conservatorio di Milano ed in parte in quello del Regio Conservatorio di Parma.

. Meritano pure speciale menzione tre originalissime composizioni per *due contrabassi con accompagnamento di pianoforte;* la prima che porta il titolo: « *Concerto per due contrabassi con accompagnamento di pianoforte di Arpesani e Bottesini* », e gli altri due del solo Bottesini e portano il titolo, l'uno: « CAPRICCIO *a due contrabassi con accompagnamento di pianoforte,* e l'altro: FANTASIA *per due contrabassi e pianoforte dalle canzonette di Rossini.*

Questi lavori furono scritti allorquando Bottesini era ancor giovane e palesano quindi tutto l'entusiasmo che provava per il suo contrabasso. Essi sono ben compilati e condotti, ricolmi di vivacità e spontaneità e quantunque un po' prolissi, pure riescono piacevoli e divertenti. Dei tre pezzi suddetti il più esilerante è il terzo, in cui sono ricordate quelle perle di ispirazione melodica conosciute sotto il nome di *Soirées Musicales* di Rossini. Chiude questa fantasia il duetto " *I marinai* „ , in cui le geniali ed efficaci trovate sono unite ad un sorprendente virtuosismo che non stanca, ma rallegra.

Composizioni da camera vocali e istrumentali.

Data la spontanea facilità di mettere in carta le proprie ispirazioni e dato che il Bottesini era assai compiacente e cortese con chi lo richiedeva di una sua musica, di una dedica, di un ricordo, numerose furono le composizioni da lui lasciate per canto e pianoforte o per istrumenti diversi.

Per canto e pianoforte sono favorevolmente conosciute le romanze per soprano : *Ci divide l'Ocean* e le due scritte su versi dell'Aleardi, *Che cosa è Dio* e, *Che cosa è Satana*. La prima di queste due è una nobile ed inspirata melodia che eleva e conquide, mentre altrettanto non si può dire della seconda. Queste romanze furono pubblicate dal Ricordi nella raccolta « *Il bel canto italiano* ».

Altra romanza per soprano, bella per spontaneità, per condotta e per l'accompagnamento di sapore moderno, e che non ha nulla di comune colle solite romanze, è quella « *In Composanto* » scritte sulle note parole di Stecchetti « *Quando cadran le foglie......* » che reputo assai migliore di quella composta sulla stessa poesia dal Tosti. Il solerte Editore Pizzi di Bologna ne ha fatto nel corrente anno una ristampa in bella edizione.

Non vanno poi dimenticate tre melodie per violoncello e pianoforte intitolate, l'una « *Melodia* » l'altra « *Delirio pensiero elegiaco* » e la terza, « *Riminiscenze dell'opera Marion Delorme* » tutte e tre pubblicate dal Ricordi, delle quali la prima per elevatezza, condotta e dotta armonizzazione è alquanto superiore alle altre.

Composizione per archi.

Il più rinomato *quartetto* che abbia lasciato Bottesini è quello in *re*, premiato al Concorso Basevi del 1862 ; esso fu eseguito per la prima volta e con grande successo alla Società del Quartetto di Firenze e si eseguisce ancor oggi. È un quartetto che nella forma e nello sviluppo dei temi ricorda quelli classici di Haidn e Beethoven e nella vivacità della melodia e dell'invenzione quelli dei classici italiani. È costituito dai soliti tradizionali quattro tempi : dopo poche battute di un andante largo ed espressivo, segue l'allegro giusto, indi un esilerante scherzo per chiudere con un brillante allegro.

Scrisse pure un quintetto per due violini, viola, violoncello e contrabasso colla dedica « *Un mio ricordo a Mercadante* » di cui si occupa la *Gazzetta Musicale* di Milano N. 11 del 17 marzo 1889 (Ricordi N. 38683) ed altro quartetto per due violini, viola e due violoncelli (Ricordi N. 39103).

Nella Biblioteca del Conservatorio di Parma, fra molta musica inedita di Bottesini si conserva « Una preghiera » per quartetto che si dice elevata e di molto buon effetto, ed in quella di Milano un grandioso « Andante » per soli archi, datato da Napoli 13 aprile 1881, dedicato all'amico Giulio Ricordi, la cui esecuzione richiederebbe, come sta scritto sulla copertina, 12 violini primi, 10 violini secondi, 7 viole, 8 violoncelli e 9 contrabassi.

Composizioni orchestrali.

Altro campo assai più vasto dei precedenti in cui il Bottesini, emancipandosi dai vieti procedimenti convenzionali, dimostra di subire l'influenza di Berlioz, di Saint-Säens, di Massenet e di Verdi, e di aspirare ad una forma più complessa ed evoluta, mantenendosi però sempre italiano nella melodia.

Queste composizioni, sempre a grande orchestra, appartengono in massima al genere descrittivo.

La sinfonia dal titolo « Graziella » già stata eseguita con successo al Trocadero di Parigi, e la Sinfonia Caratteristica, vennero più volte eseguite in Italia, ai Concerti Orchestrali di Milano e Torino.

Altra pregevole composizione fantastica è quella intitolata " Promenade des Ombres », che si custodisce nella Biblioteca del Conservatorio di Milano. Sul frontespizio della sua partitura sta scritta di pugno del Bottesini, questa gioviale dedica, che sa dell'ambrosiano.

MELODIA FANTASTICA

PER ORCHESTRA

ALLA SOCIETÀ ORCHESTRALE DELLA SCALA

OFFRE

G. BOTTESINI

GRATTATORE DI VIORONE!!!

Napoli, 10 marzo 1881

Durante il suo soggiorno in Egitto, la vista del lento procedere del maestoso suo fiume, interrotto soltanto dalle fragorose e colossali cattaratte, e della distesa di quelle silenziose sabbie che sembrano senza limite e confine, agitate talvolta dal turbinoso *simun,* suggerì all'artista sensibile ed osservatore di tradurre in musica queste sue impressioni, scrivendo due pezzi caratteristici per grande orchestra.

Questi due pezzi che furono pubblicati sotto il nome di NOTTI ARABE, l'uno col titolo « *Il Nilo* » e l'altro col titolo « *Il deserto* » riuscirono mirabilmente allo scopo che il compositore si era prefisso : essi costituiscono due fra le migliori composizioni dal Bottesini lasciate. In esse domina l'ordine, la semplicità, la sapiente condotta : la melodia vi è piana, espressiva ed elevata, l'istrumentale perfetto e tutto concorre ad accrescere la loro efficacia.

Ma se i due pezzi sono sotto ogni rapporto pregievolissimi, « *Il deserto* » scritto in *sol minore*, è di gran lunga superiore al « *Nilo* ». La descrizione del turbinoso *simun* è magistrale, il canto alternato dei Camellieri che riprendono il loro cammino è affidato ai quattro istrumenti di legno, mentre gli archi segnano un accompagnamento cadenzato che ricorda l'andatura dei camelli. Questo pezzo figura sempre nei migliori concerti popolari e fu spesso ripetuto per volontà del pubblico.

A queste composizioni si aggiunga : « *Una Rêverie* » per grande orchestra, una *sinfonia in re*, lavoro giovanile, dal quale traspare l'influenza dell'amico di casa e maestro Stefano Pavesi, ed una triste « *Marcia funebre* » stata eseguita nei Concerti Popolari a Torino al Teatro Nazionale il 19 maggio 1878.

Nel 1873, inaugurandosi a Torino il monumento a Camillo Cavour, venne indetto un concorso nazionale per un inno su parole di Desiderato Chiaves, che fu vinto da Giovanni Bottesini. Nella serata di gala del 9 novembre venne grandiosamente eseguito. La *Gazzetta Piemontese* lo giudicò di grande effetto; la *Gazzetta del Popolo* lo disse di fattura stupenda e di sapore classico; le persone intelligenti ne parlarono con ammirazione. In realtà però, come avviene di simili lavori, riportò un gran successo di circostanza, ma l'inno non venne più ripetuto.

La maggior parte delle originali partiture delle composizioni surricordate porta sul frontispizio la indicazione ed il numero degli istrumenti occorrenti alla esecuzione, il che torna di ammaestramento agli studiosi, indicando egli, da esperto istrumentista, le giuste proporzioni che deve avere un'orchestra per dare un equilibrato effetto.

Composizioni d'indole sacra.

Scrisse il Bottesini, come del resto già fecero i grandi maestri, un *Oratorio* col nome *Getsemani* o *l'Orto degli Ulivi* ed una *Messa da requiem*.

L'*Oratorio Getsemani* è un pezzo colossale per scienza, potenza descrittiva ed elevatezza di pensiero. Esso solo basterebbe a qualificare Bottesini un grande compositore. E perchè le mie parole non sembrino esagerate, riporto il giudizio dato dal distinto critico musicale Maestro e Prof. Soffredini nella *Gazzetta Musicale* di Milano del 26 febbraio 1888.

« L'ultimo lavoro del forte compositore Giovanni Bottesini,
« nome caro all'arte italiana, è stato l'*Oratorio l'Orto degli Ulivi*,
« eseguito recentemente con grande successo a Londra.

« Il voluminoso spartito comprende 20 parti con un complesso
« di ben 37 pezzi. Notare la perfezione del lavoro è addirittura
« inutile; il Bottesini è un contrappuntista ed un armonista di
« prim'ordine; la sua orchestrazione ha pregi salienti, universal-
« mente riconosciuti. Dal lato ideale, dirò piuttosto che nel suo *Ora-*
« *torio* ben spesso aleggia una spiccata individualità melodica, ita-
« liana per ritmo e per forma, simpatica per carattere. *Un duettino*
« per soprano e tenore è qualche cosa di sublime, con fare sem-
« plice, ad uso Haydn; il concertato finale è grandioso, magnilo-
« quente, come un finale di Händel. Una analisi maggiore merite-
« rebbe l'opera insigne, e solo mi auguro di udire questo *Oratorio*
« eseguito da qualche Società corale, qui in Milano, dove di simile
« musica italiana non se ne eseguisce mai, mentre all'estero le si
« rende un omaggio che altamente ci onora.

Bottesini ebbe sempre una grande deferenza per la sua *Messa da Requiem* considerandola una delle migliori sue composizioni.

Questa *Messa*, a quattro voci reali con cori e grande orchestra, venne prescelta, per il suo grande valore artistico, fra i pezzi di autori Cremaschi stati presentati *all'Esposizione Nazionale di Musica* che ebbe luogo a Milano nel 1881; e diede luogo ad uno spiacevole incidente

Ritornata la cassa contenente le musiche del Fezia, del Novodini, del Cazzaniga, del Pavesi e del Benzi, vi mancava la *Messa* del Bottesini. Numerose furono le pratiche sempre infruttuose, esperite dal Conte Sforza Benvenuti, Presidente del Comitato Cremasco, per rintracciare e riavere il prezioso originale. Bottesini ne fu addoloratissimo, tanto che scrisse una vibrata protesta nel " Teatro illustrato „ (Maggio 1882 N. 17). Dopo parecchi mesi l'originale venne ritornato al Comitato di Crema, che tosto lo restituì con grande soddisfazione al suo autore.

Questa Messa chiuse la stagione di carnevale - quaresima 1879-1880 al Regio di Torino, ritornando così alle vecchie tradizioni di quel teatro, eseguendo nella settimana santa un concerto sacro. Ma nè la novità, nè il nome di un compositore caro al pubblico, nè la collaborazione di valenti artisti, quali la Brambilla - Ponchielli, la Prandi, il Barbacini ed il De Retzkè, valsero a richiamare in teatro molto pubblico. Gli applausi furono fragorosi, ma l'incasso meschino. (Vedi in argomento De Panis Giuseppe. I Concerti Popolari ed il Teatro Regio Vol. II pag. 92).

In questa messa, che per i suoi pregi venne onorata dalla medaglia d'oro alla Esposizione Musicale di Milano del 1881, si alternano le supliche dei giudicabili per essere collocati in parte destera, alla descrizione del terribile giudizio universale. Essa però non può garbare a quei tonsurati o quasi che dopo il Motu Proprio 22 novembre 1903 di Pio X, sono diventati ad un tratto idrofobi non solo contro quella musica leggera e teatrale che aveva invaso il tempio — su di che tutti sono d'accordo — ma per eliminare altresì le più elevate, le più ispirate, le più mistiche manifestazioni del genio, solo perchè non scritte in stile polifonico, rimpicciolendo così il grave dibattito sulla musica religiosa e ridurlo ad una questione di forma e di servile imitazione.

Composizioni sceniche.

Cristoforo Colombo, rappresentatosi per la prima volta all'Havana nel 1847.

L'Assedio di Firenze, Parigi 1857.

Il diavolo della notte, commedia lirica, Milano 1858.

Marion Delorme, su libretto di Ghislanzoni, Barcellona 1862.

Vinciguerra, Parigi, Teatro del Palais Royal, aprile 1870.

Alì Babà, opera comica. Londra, Teatro Italiano, 18 gennaio 1871.

Ero e-Leandro, tragedia lirica su pregievolissimo libretto di Arrigo Boito. Torino, Teatro Regio, 11 gennaio 1879.

La Regina del Nepal, Torino, Teatro Regio, 1881.

Çedar - La torre di Babele, melodramma umoristico - *La figlia dell' angelo* non ancora rappresentate.

Queste sono le opere che lascia Giovanni Bottesini e le partiture delle ultime tre inedite si trovano nella Biblioteca del Conservatorio di Parma.

La presente succinta memoria non consente un dettagliato esame di tutte queste opere.

Mi diffonderò quindi più lungamente sulle ultime due: sull'*Ero e Leandro,* che la Contessa Bice Benvenuti, nel suo pregievole opuscolo *La Musica in Crema,* qualificò la rivelazione di un grande ingegno, e sulla sfortunata *Regina del Nepal,* non senza soggiungere prima: che il *Cristoforo Colombo* ebbe liete accoglienze e fu più volte ripetuto, specie all'estero, — che il *Diavolo della notte,* quantunque scritto su di uno scipito libretto e sulla falsa riga delle opere buffe del vecchio repertorio italiano, ai suoi tempi è piaciuto e venne più volte eseguito in Italia ed in Francia, — e che la più fortunata, contenendo pregi musicali di valore indiscutibile, è stata *Alì Babà,* ripetutamente rappresentata, specie a Londra. *Il Diavolo della notte* è preceduto da una spigliata sinfonia che trovasi ridotta anche per pianoforte a quattro mani, e l'*Alì Babà,* più elevato ed organico, pieno di brio ed eleganza, contiene uno splendido quintetto a voci scoperte da gareggiare coi migliori di Rossini e Donizetti (1).

L'*Ero e Leandro* e la *Regina del Nepal,* sono due opere che si debbono ricordare unitamente, perchè rappresentate nello stesso teatro, a due soli anni di distanza, delle quali una segna un clamoroso successo e l'altra una sconfitta.

Io che ho assistito personalmente alle prime rappresentazioni di queste due opere, ho constatato che fra i molti giudizi stati allora pronunciati sulla musica e sulla persona del Bottesini, i più ponderati, i più completi ed i più imparziali furono quelli dati dal chiarissimo scrittore e critico musicale Avvocato Giuseppe Depanis,

---

(1) La esilerante musica dell'*Alì Babà* venne anche recentemente rievocata e lodata in una recensione apparsa nel *Corriere della Sera* del 16 febbraio 1911 N. 43.

51

apparsi prima nella *Gazzetta Letteraria* di Torino e poscia dallo stesso raccolti nel Vol. II della sempre interessante opera : *I concerti popolari ed il Teatro Regio di Torino*.

Per la competenza dello scrittore, che fu anche amico ed ammiratore del Bottesini, credo far cosa grata ai lettori col riportarli testualmente, tanto più che essi rispecchiano un periodo avventuroso della vita del nostro grande maestro.

« Più nervoso ed irrequieto del solito il Pedrotti capitò un giorno
« in casa di mio padre. La fisonomia stravolta denotava un grande
« turbamento. Entrò subito in materia, non era stoffa di diplomatico.
« Il Bottesini, suo vecchio amico, gli aveva scritto una lettera di-
« sperata. Stretto in impicci finanziari gli occorreva una somma ;
« teneva pronta un'opera di cui trasmetteva la partitura e supplicava
« l'amico di cercargli un'impresario che gli anticipasse il danaro
« e gli rappresentasse l'opera, se no si confessava pronto a com-
« mettere uno sproposito « El xe mato, ciò », conchiuse il Pedrotti
« la sua narrazione tra il serio ed il faceto.. « Non gli bastano i
« quattrini, e dove li pesco io ? pretende anche che gli eseguisca
« l'opera ! Poveretto me. Ed ora cosa faccio ? » Non bisogna inter-
« pretare alla lettera la minaccia del Bottesini frutto di un momento
« di sconforto, ma il Pedrotti ne era stato colpito e lo opprimeva
« il pensiero delle conseguenze di una risposta sfavorevole, conse-
« guenze che l'accesa fantasia esagerava sino all'inverosimile.

« L'opera, Ero e Leandro su poema di Arrigo Boito, gli era
« piaciuta; non conportava soverchie spese di allestimento, richiedeva
« tre soli artisti : soprano, tenore, basso, procedeva spiccia senza
« lungaggini ; le modesti proporzioni permettevano di completare
« lo spettacolo con una grande azione coreografica. Insomma seppe
« accortamente toccare i tasti favorevoli, eliminare le obiezioni,
« perorare la causa dell'amico e l'opera fu accettata. Il Pedrotti si
« affrettò a trasmettere al Bottesini la lieta novella insieme colla
« somma necessaria a trarlo d'impaccio.

« Non c'era tempo da perdere per copiar le parti, distribuirle
« agli artisti, disegnare i figurini, lavorare gli abiti, dipingere le
« scene, operazioni tutte che si dovettero affrettare perchè Ero e
« Leandro sostituiva un'altro spartito rinviato all'anno successivo
« e pochi mesi (eravamo nell'autunno 1878) ne separavano l'ac-
« cettazione dalla rappresentazione. Anche la difficoltà di persuadere

« gli artisti ad esordire in un' opera nuova fu superata ed Ero e
« Leandro, secondo spettacolo della stagione, vide la luce l'11 Gen-
« naio 1879 esecutori Abigaille, Bruschi-Chiatti, Enrico Barbacini,
« e Gaetano Roveri. Le previsioni erano favorevoli ma nessuno
« sperava in un successo così caldo e così completo. Gli applausi
« incominciarono all' ouverture, raddoppiarono all' anacreontica del
« tenore, accompagnarono i principali pezzi dell'opera e raggiunsero
« l' apice dell' entusiasmo al larghetto del terzo atto

> Vieni, e in mezzo alla ruina
> Fortunal che ha il mar travolto,
> Beami, ancora, Ero divina,
> Col fulgor del tuo bel volto......

« cantato insuperabilmente dal Barbacini e ripetuto a furia di po-
« polo. Non ricordo il numero delle chiamate al proscenio; ricordo
« la schiettezza e l' intensità degli applausi e ricordo l' ottimo suc-
« cesso non affievolitosi nelle ulteriori rappresentazioni, una ventina.

« Che all' accoglienza oltremodo lusinghiera fatta dal pubblico
« del Regio ad Ero e Leandro abbiano concorso circostanze speciali,
« è fuori dubbio. La folla obbedisce talvolta ad impulsi da essa
« stessa ignorati ed è tratta ad esagerare nel bene e nel male e
« qui sta il segreto di certi trionfi e di certe cadute di cui invano
« cerchereste altrove l' intima ragione. Nell' ambiente chiuso del
« teatro l'umore dei pochi si propaga a guisa di contagio con ful-
« minea rapidità, tale l' impeto subitaneo di tosse di un individuo
« durante un pianissimo diventa in breve tosse collettiva dell'intera
« adunanza, ed è ciò che rende pericolosi i pronostici ed aleatorie
« le sorti di un'opera teatrale. Quella sera Ero e Leandro si avan-
« taggiò delle buone disposizioni degli abbonati contenti di abban-
« donare il Biblico Mar Rosso dove navigavano a disagio per l' Elle-
« sponto pregno di effluvi amorosi. La presenza del poeta, venuto
« ad assistere alle ultime prove ed a confortare il collega, infiammò
« il pubblico presso cui, per riflesso di Mefistofele, l' autorità del
« Boito era grandissima. Per quanto ogni babbo ci tenga alle
« proprie creature ed egli fosse l'autore del libretto, il Boito, ragio-
« navano i più, non si sarebbe scomodato se la musica dei Bot-
« tesini fosse stata cattiva. Il che tuttavia serve a spiegare il
« maggior calore ma non la persistenza del successo. Del quale
« una parte di merito, cospicua assai, spettò all'esecuzione in genere
» ed al Pedrotti ed al Barbacini in ispece.

‹ Il Pedrotti curò la concertazione dell'opera con affetto di
« fratello, e con questo ho detto tutto : l'uomo e l'artista si valevano
« ed il cuore centuplicava l'energia dell'uno e dell'altro. Gaetano
« Roveri fu un eccellente Ariofarne, Abigaille Bruschi-Chiatti una
« Ero dalle forme grecamente scultorie e dalla voce stupenda. Al
‹ Barbacini bastarono le poche note del recitativo che precede
« l'anacreontica per soggiogare il pubblico, il verbo non pecca di
‹ esagerazione.

« Non mancarono i contrasti col Bottesini, ma furono di poco
« momento. Il Bottesini, uomo navigato, non pigliava sul tragico la so-
« stituzione di qualche nota ; ne aveva scritte tante, una più una meno
« gli era indifferente. Tentò solo di opporsi ad una pretesa del-
« l'artista che toccava il poema più della musica e chiamò in rinforzo
« il poeta. Nella pen'ultima scena Leandro, in procinto di buttarsi
« in mare, abbraccia Ero e grida: «L'amore è forte più della morte!»
« Sulla parola « morte » e giusto sulla vocale « o » il maestro aveva
« appoggiato un *si bemolle* acuto da prolungare a piacimento. C'è
« sempre tempo a morire e se c'è fiato c'è vita. Il *si bemolle* acuto
« formava l'orgoglio del Barbacini, dunque niente da ridire, se non
« ci fosse stato ce l'avrebbe messo egli stesso ; ma, ecco, non gli
« veniva bene sulla « o », bisognava sostituire alla vocale « o » la
« vocale « i » e, poichè la più sfrenata licenza non tollera ‹ mirte »
‹ per ‹ morte » proponeva la variante: « L'amore è forte ». (Pausa).
‹ Addio » (Corona sulla « i », *si bemolle*, applausi ed un tuffo nel-
« l'acqua), Che il verso e la rima zoppicassero, gliene importava
‹ un fico secco, gli importava il *si bemolle*. Stampassero sul libretto
« il verso esatto, rimando morte con forte, e lasciassero a lui
« l' « addio ». Siccome, in fondo il Bottesini ed il Barbacini ci te-
« nevano al *si bemolle* e se ne ripromettevano un buggerio e siccome
« il Boito ci teneva al verso scritto e poco al verso cantato a cui
« nessuno badava, fu fatta la volontà del Barbacini ed il *si bemolle*
« suscitò lo sperato buggerio e procurò al tenore parecchie chiamate,
« un bis ed un bacione del maestro.

« Il poema di Ero e Leandro per la forma appartiene ai migliori
« del Boito. Credo che in origine egli ne avesse intrapresa la com-
« posizione musicale e l'abbia poi abbandonata per non so quale
« ragione. Ero e Leandro deve essere di non molto posteriore al
« primo poema di *Mefistofele*, anzi c'è fondato motivo di supporre

54

« che nel rifacimento di *Mefistofele* il Boito sia ricorso qua e là
« ad *Ero e Leandro*. Ad esempio il duettino :

> *Lontano lontano lontano*
> *Sui flutti dell'ampio oceano*
> *Tra i roridi effluvi del mare*

« fratello carnale del duettino di *Ero e Leandro* :

> *Andrem sovra i flutti profondi*
> *In traccia dei ceruli mondi*
> *Sognati dal nostro pensier*

« non esisteva nel vecchio *Mefistofele*. La purezza della forma, l'in-
« gegnosità delle immagini, l'accorta disposizione degli atti — tre
« atti brevi impostati in tre ambienti diversi — fanno dimenticare
« la modestia dell'azione imperniata sulla vendetta di Ariofante di-
« sdegnato da Ero amante di Leandro. Ci si abbandona al fascino
« dell'idillio che sembra prolungarsi al di là della morte nell'eter-
» nità dei secoli, fascino dal Boito conservato con gelosa cura nella
« riduzione drammatica ed espresso felicemente nelle due squisite
« ottave del prologo :

> *Canto la storia di Leandro e d'Ero*
> *Su cui son tanti secoli passati,*
> *Amorosa così che nel pensiero*
> *Ritornerà de' tempi ancor non nati,*
> *Eterna come il duol, come il mistero*
> *D'amore che ne fa mesti e beati,*
> *Fiore di poesia, tenero fiore*
> *Che, irrorato di lacrime, non muore.*
> *Canto pei cuori innamorati, canto*
> *Per gli occhi vaghi e per le guance smorte,*
> *Per quei ch' hanno sorriso e ch' hanno pianto*
> *In un' ora di vita ardente e forte.*
> *L' antico amor ch'io narro fu cotanto*
> *Che sfidò il mare, i fulmini e la morte.*
> *Udite il caso lagrimoso e fero,*
> *Canto la storia di Leandro e d' Ero.*

« Che il Boito abbia rinunziato a musicare *Ero e Leandro* è
« da rimpiangere se badiamo al Sabba classico del quarto atto di
« *Mefistofele*. Che poi il Bottesini abbia scelto il Poema di *Ero e*
« *Leandro* per comporvi un'opera meraviglia alquanto ; eppure il
« tentativo gli riuscì come pochi altri ed *Ero e Leandro* rappre-
« senta nel melodramma serio il suo maggior successo come *Alì*
« *Babà* lo rappresenta nel melodramma giocoso.

« Ritorno un istante a Giovanni Bottesini, per rammentare che
‹ in una delle rappresentazioni dell'opera, il compositore appagando
« l'universal desiderio, fra un atto e l'altro, si produsse come con-
« certista. La folla accorsa fu così straordinaria da costringere l'Im-
« presa a cessar la vendita dei biglietti mezz'ora prima che inco-
« minciasse lo spettacolo. Il Bottesini ripartì da Torino a mo' di
« un trionfatore, dopo aver contrattato l'impegno di una nuova
« opera. Con giubilo gli abbonati ne accolsero la notizia e se dal
« mattino fosse lecito giudicare la sera, si sarebbero dovuti trarre
« i più lieti auspici. Invece.........

*
* *

Ed ora eccoci alla *Regina del Nepal*, in merito alla quale
il citato scrittore ricorda colla solita sua competenza quanto segue :
« *La Regina del Nepal* di Giovanni Bottesini inaugurò la sta-
« gione. Giovan Battista Denegri, agli inizi della sua carriera, doveva
« sostituirvi il Marin nella parte del tenore. O sia che la parte
« non gli tornasse, o sia che paventasse di esordire in un' opera
« nuova, o sia che fosse realmente indisposto, in capo a poche
« prove il Denegri si diede ammalato, rinunziò alla scrittura e se
« ne partì da Torino. Tale fu il primo contatto del celebre tenore
« colle tavole del Teatro Regio ; in capo a soli quattro anni, nel
‹ 1855, vi trionfava nell'*Ebrea* e nel *Duca d'Alba* preludio ai mag-
« giori trionfi dell'*Otello* (1887) e del *Tannhaüser* (1888). Frattanto
« il maestro e l'Impresa erano ripiombati in un angoscioso imbarazzo;
« dove pescare un tenore di buona volontà che acconsentisse ad
« imparare la parte di Elbis in dieci giorni ? Antonio Patierno,
‹ fratello a Filippo di gran memoria, si sobbarcò al brutto rischio.
« Le sorti della *Regina del Nepal* restarono così affidate a
‹ Emma Turolla (Mirza), a Palmira Rambelli (Nekir), ad Antonio
« Patierno (Elbis), a Mattia Battistini (Simar), a Francesco Navarrini
« (Giamstrid). Il Patierno dalla voce baritonale, che ricordava nella
« pasta se non nel volume quella del fratello, aveva cantato con
« ottimo successo al Teatro Vittorio : « ecco un tenore da Regio »
‹ dissero allora i soliti incontentabili, « un' Impresa avveduta non
‹ dovrebbe lasciarselo sfuggire ». Adesso che il Patierno cantava
« al Regio, cambiavano metro : « Ci vuole un bel fegato per rifilarci
« al Regio un tenore da Vittorio ! » Ed il Patierno fu il capo espi-
« atorio della serata.

« Sembrava che degli entusiasmi di *Ero e Leandro* fosse svanita
« l'ultima eco e che *La Regina del Nepal* fosse il lavoro di un
« Carneade anzichè del Bottesini, tanta musoneria regnava nella sala.
« Il prologo, in cui pur non ci entrava il Patierno, passò freddo,
« cattivo indizio. Nel primo atto, a malgrado degli sforzi coraggiosi
« della Turolla, artista valentissima, scarsi applausi salutarono la
« canzone dell'ape; altri scarsi applausi il concertato. Calata la
« tela, silenzio. Ah! quel silenzio!...

« Chi non ha pratica di palcoscenico è incapace di immaginare
« la tortura di un povero autore allorchè il sipario scende lento
« lento e nessuno applaude, nessuno fischia, niente, appena un
« mormorio vago, indistinto che sembra lontano le mille miglia e
« che pure vi martella le tempie e vi trafigge il cuore a guisa
« di punture precipitose di spillo. Allora invocate le urla, i fischi,
« gli schiamazzi della folla furibonda, tutto piuttosto che quel silenzio
« di morte. Nel secondo atto sempre lo stesso silenzio gravido di
« minacce; l'elettricità dell'ambiente premeva sugli amici e l'attesa
« era atroce. Il Bottesini affettava la calma ma il luccichio degli
« occhi e la contrazione nervosa delle labbra tradivano la commo-
« zione interiore. Ridottosi nel corridoio degli artisti in fondo al
« palcoscenico, lo percorreva in su ed in giù, chino il capo, curve
« le spalle, le mani cacciate nelle tasche della giubba sbottonata.
« Di tratto in tratto sostava, tendeva l'orecchio, poi subito, timoroso
« di udire, ripigliava la passeggiata in su ed in giù per il corridoio.
« Non parlava, che cosa avrebbe potuto dire? Non gli parlavamo,
« che avremmo osato dirgli? In una delle sue soste uno strepito
« lo fece sussultare. Crollò il capo, amaramente sorrise ed esclamò:
« La è finita!» Lo strepito continuava, ingrossava. Egli sospettò
« che il pubblico insorgesse contro l'opera e prese le mosse per scap-
« pare dal teatro; ma in quella l'avvisatore, il maestro dei cori,
« varie persone gli vennero incontro correndo e gridando: « Maestro,
« maestro! fuori, fuori!». Il Bottesini si fece pallido di un pallore
« cadaverico. La Turolla ed il Battistini, che nel loro duetto del
« secondo atto avevano scosso il pubblico, trascinarono al proscenio
« il maestro simile ad un automa. Quando rientrò al suo posto,
« in fondo al corridoio, sbattè a terra il cappello, appoggiò la
« persona alla parete e quantunque dirozzato alle commozioni del
« teatro, egli che col contrabasso aveva percorso il mondo da
« trionfatore, scoppiò in un pianto dirotto. Era stato capace di

» vincere l'indifferenza, cedeva ora dinanzi agli applausi che il
« pubblico gli prodigava in una delle improvvise reazioni che so-
« gliono accompagnare le cadute. Quell'alta e virile figura accasciata
« contro la parete e singhiozzante tra il tramestio di una prima
« rappresentazione mi è rimasta impressa nella memoria, sono tra-
« scorsi trenta e più anni e non l'ho dimenticata e non la dimen-
« ticherò mai.

« *La Regina del Nepal*, accolta in sul principio con tanta dif-
« fidenza da minacciare una catastrofe, si sostenne in seguito assai
« meglio di quanto non avesse esordito. La terza e la quarta rap-
« presentazione registrano, è vero, incassi derisori, L. 760 e L. 414.50
« rispettivamente ; le brutte voci messe in giro trattenevano il grosso
« pubblico dal frequentare il teatro. A far da richiamo venne in
« buon punto il ballo *Dzohara* del coreografo Garbagnati.

« Il ballo piacque, in specie per il quadro raffigurante il fondo
« del mare, e la gente accorsa per il ballo ebbe modo di convin-
« cersi che al postutto la *Regina del Nepal* per il valore intrinseco,
« per il nome dell'autore e per l'esecuzione meritava un'accoglienza
« più deferente di quella usatale dagli abbonati. Epperò l'opera
« del Bottesini che, a dar ascolto ai rifischioni, mal si reggeva in
« piedi, fu rappresentata per quindici sere e, quel che più conta,
« con incassi nelle ultime rappresentazioni, assai migliori dei primi ».

Tuttto ciò sta a dimostrare come anche questa *Regina del
Nepal* non mancava di pregi artistici, di ispirazione e di colorita
istrumentazione. Lo stesso Bottesini, che aveva lasciato presso
l'impresario Depanis le partiture della *Regina del Nepal* e della
Messa da Requiem suddetta, dopo alcuni mesi le reclamava, inviandogli questa lettera :

Napoli, 7 dicembre 1881
5 Vico Teatro Fiorentini

Caro Depanis,

*Sarebbe tempo parlare della mia Regina del Nepal che trovasi
presso te. Desidererei riaverla e con tutta la guerra che le han voluto
fare è stata pure l'Opera che ha sostenuto il tuo Teatro. Staremo
a vedere i miracoli della nuova impresa e del Tribut de Zamore.
Auguro ai Vagneristi Torinesi..... un'occupazione degna del loro
immenso talentone.*

*Mi piacerebbe pure avere la parte della messa la quale pure
non ha fatto disonore al tuo Teatro, malgrado... la meschinità delle*

fughette, che il signor critico non era neanche capace di capire.
Salutami tuo figlio e vogliami sempre bene. In qualunque maniera
ho un' Opera seria ed una buffa pronta. Se si trattasse di te, con
te avrò sempre piacere di mettermi d' accordo.

Che compagnia c' è al Vittorio ? Impresario è sempre lo stesso ?
Crederesti tu opportuno una specie di rivincita in Torino ?
Scrivimi e credemi Tuo affezionatissimo

G. BOTTESINI

Ma qualunque sieno le predilezioni che un autore possa avere
per le sue composizioni, dopo il sin quì esposto sorge spontanea
la domanda : Perchè mai le opere del Bottesini sono in oggi pres-
sochè dimenticate ? Ho voluto in proposito interpellare un dottissimo Professore di estetica musicale in uno dei più rinomati
conservatori d' Italia, buon conoscitore delle composizioni bottesi-
niane, il quale, dopo breve pausa, mi ha risposto : *Perchè è musica*
che ha fatto il suo tempo.

L' arte in vero non sfugge a quella legge generale di continua
evoluzione e progresso che governa tutte le umane ma nifestazioni
collettive, ed il *senso estetico* delle masse, colle sue esigenze talvolta anche tiranniche, è il più variabile.

Non si poteva dunque pretendere che la musica scenica italiana, pure avendo deliziato per quasi un secolo tutto il mondo
civile, avesse a continuare a rimanere fossilizzata in quelle melodie
sublimi ed in quelle forme ristrette e convenzionali come era stata
concepita da Cimarosa a Verdi. Essa per la legge suddetta subì le
influenze delle scuole tedesca, francese e russa, tanto che oggi si
è completamente trasformata, senza avere ancora acquistato una
forma propria concreta ed organica.

Bottesini, amico ed ammiratore di Rossini, Donizetti, Mercadante
e Verdi, ingegno pronto, vivace e fecondo, non tollerava l'invadenza
delle mentovate scuole, prevedendo che esse avrebbero portato alla
soppressione del bel canto italiano ; egli quindi continuò a scrivere
secondo le tradizionali consuetudini della scuola italiana e che avevano in lui profonde radici, tanto che lo si può ritenere l' ultimo
valoroso esponente di questa scuola.

Ad avviso però dello scrivente, se la musica scenica del Bottesini, scritta in media circa sessant' anni or sono, può dirsi musica
dei suoi tempi, tale giudizio è troppo assoluto e severo a propo-

sito dell'*Ero e Leandro,* poichè quest'opera, sia per il pregevole
libretto, sia per la inspirata melodia, sia per la forma che segna
una notevolissima modernità su tutte le precedenti sue opere, è
tale da contenere in sè elementi di non dubbia vitalità, e da poter
essere ancor oggi rappresentata con sincero interesse e godimento
del pubblico ; e con utilità per la cassetta degli impresari.

Questa era la ferma convinzione di tutti coloro che avevano
udito *Ero e Leandro* a Torino e che la viddero poi rappresentata
con successo a Milano, Napoli, Roma, Genova ed in molti altri
teatri : e tale era pure la ferma convinzione di Arrigo Boito, il
quale, poco dopo il successo di Torino, gli scriveva da Genova
la seguente lettera, che si custodisce nel Regio Conservatorio di
Parma, e della quale ho potuto averne, dalla squisita cortesia del
distintissimo Prof. Gasperini, bibliotecario al detto Conservatorio,
copia autentica, come pure di quella di Rossini, di cui si parlerà
in avanti.

Caro Bottesini,

« Ho rubato un'ora al sonno per contentarti.

« Sono qui, a Genova, che lavoro come un bue all'aratro per
« fare un solco di più nella mia carriera.

« E' annunciata al Politeama di costì la *tua* opera e il pub-
« blico genovese già l'attende ansiosamente. Eccoti dunque rimesso
« pomposamente sulle rotaie del teatro, su quelle rotaie così ambite
« e così ardue. Sono lieto per te. Sono anche lieto che tu abbia
« conchiuso col Ricordi un eccellente contratto. Ero e Leandro cor-
« reranno presto abbracciati attraverso tutti i teatri d'Italia. Tieni
« per certo l'augurio e continua a volermi bene.

tuo ARRIGO BOITO (1)

(1) Nella pagina di contro al suddetto originale sta scritto di pugno del
Boito una poesia di mediocre valore per un coro da introdursi nel secondo
atto dell'*Ero e Leandro,* ed è preceduto da queste parole :
*Di questa poesia potrai fare come ti piace, musicarla tutta, oppure la
prima stanza e dividerla fra uomini e donne come ti aggrada A. B.*
Dalla premessa — *Ho rubato un'ora al sonno per contentarti* — e dalle
fatte osservazioni appare che fu il Bottesini a richiederlo di una poesia per
un coro, ma la poesia non venne musicata nè introdotta nell'opera.

Ma altre cause hanno contribuito a mantenere questo spartito in quello stato quasi letargico in cui si trova.

Avanti tutto la struttura di quest'opera poco si presta ad essere rappresentata in piccoli teatri ove le risorse sono limitate ed il personale artistico scarso e raccogliticcio. Quantunque imperniata in tre soli artisti principali, esige in essi voce, abilità e senso artistico non comune, come esige buone masse corali, orchestra completa ed affiatata, e una grandiosa messa in scena col relativo ballo.

L'editore non ha forse espletati tutti quei mezzi che non gli mancavano per promuoverne la sua esecuzione e farla così entrare nelle simpatie del pubblico. Tutto questo pare determinasse un dissidio fra l'Editore ed il Bottesini, da questi confermato nella seguente lettera, scritta al valente maestro Franceschini Ernesto di Crema, che gli aveva chiesto una raccomandazione per la Casa Editrice Ricordi.

Napoli 24 Agosto 1880
111 S. Giovanni a Carbonara

 « *Caro Franceschini,*

 « Ho ritardato a rispondere alla carissima tua perchè fui in « campagna.

 « Ti devo dire francamente che sono in freddissime, anzi cat- « tivissime relazioni con casa Ricordi per motivi troppo lunghi a « raccontarti. Ti accludo pel momento una riga per Faccio impe- « gnandolo a far eseguire la tua composizione a me tanto gentil- « mente dedicata.

 « Riguardo a Ricordi aspetta che si calmi la bufera e sono « prontissimo a far quanto è possibile per riuscire.

 « Dovevo passare per Torino diretto a Parigi, ma tutto andò « al diavolo.

 « I miei saluti alla tua Signora e credimi

tuo aff.mo G. BOTTESINI (1)

Ma maggior influenza ebbe il fatto che un altro forte e distinto compositore, dottissimo nell'arte dell'armonia e del contrappunto, musicasse, e lo stesso Editore pubblicasse, dopo pochi anni, un altro *Ero e Leandro,* proprio sull'identico pregevole libretto del

(1) L'originale di questa lettera è da me detenuto.

Boito : l'*Ero e Leandro* di Luigi Mancinelli, che eseguitosi prima sotto forma di oratorio al Norwich Festival di Londra, venne poi rappresentato come vera opera a Madrid e poscia nei principali teatri d'Italia, senza destarvi però entusiasmo, ma solo quel consenso di stima che meritava il valente compositore, tanto che anche questo secondo *Ero e Leandro* oggi può dirsi dorma un sonno letargico.

Questi *bis in idem* sono fatali al successo di un'opera d'arte, perchè provocano i confronti, suscitano polemiche più o meno sincere, e sfruttano l'argomento musicato, scemando così l'interesse nel pubblico.

Si suol ripetere essere i confronti odiosi, ma talvolta sono pure necessari. *Ero e Leandro* del Mancinelli è un'opera dalla quale, pur essendo essa scritta con forme ed intendimenti più moderni, traspare troppo evidente lo studio e lo sforzo di voler fare del nuovo, epperciò riesce fredda e pesante. Persino il baccanale col quale si chiude il secondo atto — *Peana! Peana!* — quantunque una buona elaborazione contrappuntistica, sviluppata sul tema iniziale, porti ad una grandiosa sonorità finale, pure mancando di quelle esaltazioni nevrotiche e quasi bestiali proprie di un baccanale pagano, non provoca entusiasmo, ma solo ammirazione per la dotta sua condotta quasi si trattasse di un lavoro scolastico. Così avviene nel prologo, nel quale il Mancinelli fa dire ad una voce di contralto gli splendidi versi che il Boito aveva premesso al suo poema.

Lo spartito del Bottesini invece si presenta come un'opera di getto, profondamente sentita, quantunque meno studiata ed elaborata, in essa palpita il cuore del suo compositore e ci commuove e ci esalta colle soavi sue melodie, coi suoi slanci lirici e con quelle magistrali pennellate che rivelano il genio.

CARICATURA DI BOTTESINI CONTRABASSISTA

VI

ANEDDOTI-NOSTALGIA

UN CONSIGLIO DI ROSSINI A BOTTESINI
E DA QUESTI MAI PRATICATO

L' UOMO E LA PERSONA

NOMINA A DIRETTORE
DEL CONSERVATORIO DI PARMA

Tutti coloro — musicologhi, critici d'arte, redattori di riviste e giornali — che parlarono del Bottesini, lo ricordano con parole di massimo encomio usando talvolta le più ardite iperboli, le più laudatorie metafore ed i qualificativi di sentita ammirazione. Comunemente veniva chiamato il *Paganini del contrabasso*, altri lo qualificarono il *suo domatore*, altri un *prestidigiatore*, altri l' *insuperabile* e persino l' *Orfeo* dei nostri giorni. Il Giovanni Massuto nel libro *I Maestri di Musica Italiani del secolo XIX* giunto alla parola « Bottesini Giovanni » usa queste testuali parole : *Dire dei suoi meriti conosciutissimi sarebbe come voler portare chiacchere in un parlamento. Il suo nome soltanto vale qualunque elogio.*

Anche i caricaturisti si sbizzarirono nel riprodurre suonatore ed istromento in tutte le più svariate foggie. Non solo nei giornali umoristici d'Italia, ma anche in quelli di Francia, Spagna, Inghilterra ed America lo ricordano con saporite vignette : di queste ne rammento una in cui Bottesini, vestito da imperatore Romano, colla corona di alloro sul capo, si appoggia al contrabasso tenendo in mano non il solito scettro, ma il suo archetto, come rammento pure quelle spiritosissime del celebre *Teja* che apparivano sulle colonne del *Pasquino* di Torino ove il Bottesini era si può dire popolare.

La sua vita fu, specialmente da giovane, convulsa, febbrile, incalzata da continue richieste alle quali succedevano poi viaggi sempre trionfali, tanto che il Giornale francese *L'Europe Artiste*, che si è sempre occupato del celebre italiano, lo qualificava *un turista musicale*. È naturale quindi sieno numerosissimi gli aneddoti che di lui si possano raccontare.

Eccone alcuni.

Allor quando Bottesini era ancora in fasce, e poppava dalla propria madre, se avveniva suonasse un organetto, cantasse un viandante o si eseguisse della musica, tanto frequente in casa sua, tosto smetteva di succhiare, rimanendo quasi intontito e trasognato, per riprendere poi l'allattamento appena cessati i suoni.

Questo fatto è risaputo da molti e mi venne recentemente ripetuto e confermato dalla ora più che ottantenne Signora Leandrina Bottesini cugina del Giovanni, ed amicissima della di lui madre. Nè il fenomeno può meravigliare, poichè studi anche recenti comprovano la grande influenza che esercita la musica sul corpo umano e specialmente sugli organismi dotati di speciale sensibilità musicale.

Andato il Bottesini, nei primordi della sua carriera, a Vicenza per un concerto, trovò il teatro principale già ceduto ad un impresario, che, per lasciarlo suonare, esigeva patti troppo onerosi. Allora, così riporta il giornale *L'Europe Artiste*, egli si reca col suo contrabasso in uno dei principali caffè e suona avanti ad un pubblico per così dire improvvisato, nel quale si trovavano taluni suoi amici che rimasero sorpresi a tale inaspettato procedere : il caffè venne tosto invaso da una folla immensa e Bottesini ottenne un successo clamoroso.

Al giorno dopo l'impresario fu costretto a concedergli il teatro, e poichè il precedente concerto al caffè aveva destato rumore, al primo aprirsi della porta il pubblico vi si precipitò numerosissimo e tributò al maestro una prolungata e trionfale ovazione.

Invitato da Napoleone III (così il Cesare Lisei a pagina 12 del citato opuscolo) a dare un concerto a Corte, Bottesini venne ricevuto col suo contrabasso dal Cerimoniere di Corte Conte Bacciocchi, il quale, visto il mastodontico istrumento, gli domandò : *Mi dica, Maestro, è vuoto o pieno?* Il Bottesini, che sulle prime aveva ritenuto la domanda una canzonatura, rispose : *"Vuoto! Vuoto! Signor Conte"*, e questi per sincerarsi si chinò sugli *SS* per meglio esaminarlo.

Un vecchio e ricchissimo Lord, desiderando udire il Bottesini, che a Londra faceva tanto parlare di sè, lo pregò di recarsi al di lui palazzo per eseguirvi alcuni pezzi, senza convenire prima il compenso. Terminato il Concerto, Bottesini, fatto un profondo inchino ai due vecchi che continuavano a battere le mani, entrò nell'anticamera, ove gli si fece incontro il maggiordomo con un gran vassoio ricolmo di luccicanti sterline e lo pregò di servirsene. Bottesini ne prese solo quattro, e fatto un altro inchino, uscì dal palazzo.

Questo aneddoto mi venne raccontato e più volte ripetuto dai signori Ing. Daniele Pozzoli e Paolo Assandri, amici del Bottesini e buon gustai di musica, per dimostrare il grande suo disinteresse e la sua signorilità.

Bottesini rinnega la sua patria per evitare contestazioni e noie con un monarca.

Bottesini non smentiva mai la sua patria — Crema — ed anzi la ricordava sempre e dovunque con un certo orgoglio. L'aneddoto al quale si allude, è ricordato dal Cesare Lisei a pag. 14 del citato suo opuscolo, e lo si riporta nella sua testuale integrità.

« Nel dicembre del 1866 lo troviamo a suonare nel palazzo « degli Czar a Pietroburgo e a dar concerti al Teatro Italiano di « quella città, sotto la direzione di Antonio Rubinstein. Fra i molti « ed accurati appunti che ho presi per questa biografia, trovo un « aneddoto riferentesi alla prima sua comparsa alla Corte di Russia, « il quale, credo, valga la pena di essere qui riprodotto.

« Dopo aver suonato uno dei suoi pezzi più irti di difficoltà « ed aver fatto strabiliare tutti indistintamente i componenti l'*entou-* « *rage* di Alessandro II, il Bottesini vede che quest'ultimo s'alza « muovendo verso di lui.

« — *Admirablement, M.r Botte....sini* — si degna di felicitarlo « il gigantesco Czar, facendo pompa della stentorea sua voce di « basso profondo.

« — *Vous venez de faire des vrais prodiges. Mais, dites - moi* « *donc : êtes - vous italien ?*

« — *Italien Majesté* — risponde inchinandosi orgogliosamente « rispettoso il grande artista.

« — *Et de quelle partie d'Italie ?* — continua l'Imperatore un « tono più sotto.

« — *De Crême* — soggiunse il Bottesini, lieto di poter pro- « nunziare davanti all'augusto ospite il nome della città che lo « vide nascere.

« Ma lo Czar, non credendo possibile forse l'esistenza d'una città « appellantesi col nome generico d'un piatto dolce ch'egli detestava, « e sospettando perciò nella risposta dell'artista cremasco una can- « zonatura, corrugando ad un tratto la fronte :

« — *De quel pays êtes-vous ?* — esclama con un impeto tale
« che fa gelare il sangue nelle vene dell' interpellato.

« — *De Milan Majesté* — s'affretta a rispondere quasi balbet-
« tando il nostro concertista, sprofondandosi in un nuovo inchino.

« Un sorisetto benevolo disegnatosi sulle labbra dell' autocrate
« di tutte le Russie, valse a rassicurarlo ad un tratto, e nel mentre
« dileguava dalla sua mente atterrita l'idea della inumana Siberia,
« se la rideva in cuor suo felicitandosi per la trovata scappatoia.

Trovandosi nel 1868 nell'anticamera del Salone di concerti al
Kursaal di Wiesbaden, mentre sta arpeggiando sul suo contrabasso,
gli si presenta una signora, che gli dice con una certa domestichezza:
— «*J'aurai donc le plaisir de vous entendre ce soir ; mais cela ne
sera pas la première fois pourtant* ».

Credendola una delle solite eccentriche che infestano quegli
sdrucciolevoli paraggi, il Bottesini si limita ad un freddo ed indifferente inchino.

— «*Je me rappelle* — essa riprende insistente, — *d' avoir eu
le bonheur de vous entendre à Londres* ».

— «*Vraiment !* » — esclama Bottesini con aria sbadata sempre
più convinto con chi aveva a fare.

— «*Mais oui,* — continua l'incognita sua interlocutrice, — *et
précisément chez ma mère* ».

A quest'ultime parole il Bottesini, interrompendo gli accordi,
alza su di lei lo sguardo e si dà ad osservarla attentamente; ma
non risovvenendosi di quella fisionomia:

— «*Pardonnez - moi, Madame,* — le chiede piccato da una
certa curiosità, — *mais comment s'appelle-t-elle, madame votre
mère ?* ».

— «*La Reine d'Angleterre !* » — risponde la signora con un
significante ma benevolo sorriso.

Era infatti la figlia di S. M. la Regina Vittoria da poco sposa
al Principe Ereditario di Germania. Immaginarsi la sorpresa del
nostro artista, il quale inchinandosi profondamente, avrebbe voluto
nascondersi nelle cavità del suo istrumento, per celare il proprio
imbarazzo. (Cesare Lisei a pag. 15 del citato suo opuscolo).

Volendo ora tratteggiare il MUSICISTA E L'UOMO, non posso che
riportare ancora quanto di lui asserisce con cuore d'amico e con

scrupolosa sincerità, l'egregio Avvocato Giuseppe Depanis nel ricordato libro — *I concerti popolari ed il Teatro Regio* e nella *Gazzetta Letteraria di Torino* — a pag. 18.

« Concertista sommo, lo si disse il Paganini del contrabasso.
« Sotto il suo archetto il contrabasso gemeva, sospirava, tubava,
« cantava, fremeva, ruggiva, un'orchestra completa con impeti ter-
« ribili e con sfumature dolcissime. Se la virtuosità rese celebre
« il concertista e gli procacciò fama e trionfi, nocque in compenso
« al compositore. L'originalità dell'invenzione non corrisponde nel
« Bottesini alla spontaneità; versato nella tecnica, abile strumenta-
« tore, troppo sovente egli ci si rivela ineguale. L'impazienza far-
« raginosa del concertista traspare nelle evidenti improvvisazioni
« che sono concessioni al cattivo gusto della folla. Fattosi compo-
« sitore, il concertista non ha nè tempo nè voglia di adoperare la
« lima; sfavilla, raccoglie applausi e passa oltre.

« Il Bottesini può essere riguardato come uno degli ultimi
« campioni della scuola italiana ligia alle tradizioni del Donizetti.
« La rivoluzione wagneriana lo ebbe avversario tenace, si era per-
« sino accinto a musicare contro i wagneristi una satira di cui
« lessi il libretto. Negli ultimi anni tuonava violentemente contro
« costoro ai quali attribuiva tutte le disgrazie proprie e tutti i ma-
« lanni del teatro italiano. Rimproverando agli altri l'intolleranza
« cadeva egli stesso in un'intransigenza furibonda. Considerava
« intangibile le forme classiche dell'opera italiana e credeva in buona
« fede di rammodernarla conforme ai tempi col curarne la fattura
« contrappuntistica ed orchestrale. Un simile concetto d'arte ridu-
« ceva l'italianità ad una questione di forma e trascurava la sostanza.

« Nella scelta dei libretti, seguace anche in ciò della vecchia
« scuola, non andava per il sottile; musicava qualunque libretto
« gli capitasse fra le mani — e gliene capitarono degli infelicissimi —
« ed affetto un po' dalla mania della persecuzione, addossava poi
« alla camorra degli editori, degli impresari e dei colleghi quello
« che in parte aspetta alla cattiva scelta del libretto ed alla sover-
« chia indulgenza per le proprie creature: il tepido successo di
« alcuni spartiti e gli ostacoli frapposti alla loro rappresentazione.

« Per logica conseguenza del suo concetto del melodramma, il
« Bottesini nel libretto cercava e « vedeva » i pezzi; alla sostanza
« dell'azione ed al carattere dei personaggi attribuiva scarso signi-
« ficato. Questa ristretta visione nocque alla perfezione dell'opera

« d'arte. Ed infatti accanto a pezzi felicissimi, *Ero e Leandro* rac-
'« chiude pezzi addirittura volgari, che riuscirebbero enesplicabili se
« ignorassimo la noncuranza dei compositori della scuola del Bot-
« tesini per ciò che nel melodramma stimavano un semplice acces-
« sorio di nessuna importanza. Eppure il sentimento poetico a
« tratti sgorgava limpido e puro dalla fantasia del Bottesini.

    « L'invocazione religiosa del primo atto, per restringermi ad
« *Ero e Leandro*, il declamato di Leandro, l'anacreontica, vari epi-
« sodi dei due duetti d'amore e la barcarola sono gioielli di melodia
« espressiva ed appropriata. La dipintura di una notte lunare sul
« Bosforo con cui si apre il terzo atto è squisita davvero. Pochi
« tocchi sfumati e l'evocazione diventa perfetta ; l'anima delle cose
« si rivela e ci investe dall'orchestra e dalle sommesse voci del
« coro che si perdono nella lontananza azzurrina del cielo e del mare.

    « Sarebbe ingiusto ripetere a proposito del Bottesini il vieto
« ritornello della patria matrigna dei figli che la onorano. Nella
« sua carriera di concertista egli guadagnò somme ingenti e tuttavia
« morì, se non povero addirittura, certo non ricco. Non aveva la
« nozione esatta del valore del denaro, sopportava le ristrettezze
« con filosofica rassegnazione, dava fondo alle ricchezze con spen-
« sierato entusiasmo. L'oro gli scivolava dalle mani senza che se
« ne rendesse conto, talvolta in capricci da milionario — al Cairo,
« durante un soggiorno colà, aveva impiantato un serraglio di belve, —
« sovente in soccorso agli amici. Non era raro il caso di debiti
« contratti per render servizio ad altrui o per saziare l'ingordigia di
« un cavaliere d'industria. Insieme con un gran cuore il Bottesini
« era dotato di un' incapacità assoluta a regolarsi nelle contingenze
« della vita. I disinganni gli amareggiarono l'animo, non lo emen-
« darono nè lo resero cattivo. Appartatosi qualche tempo in uno
« scontroso riserbo, brontolava, bestemmiava ; poi, ritornava più
« fiducioso, più bonaccio di prima. Irrequieto, non posava in nessun
« sito : l'estro del concertista lo assillava di continuo e nel riposo
« egli anelava alla vita randagia che per le anime avventurose ha
« tante seduzioni. Ebbe incarichi lucrosi ed onorifici, non seppe
« conservarli. La vita tranquilla e regolare lo impauriva a guisa
« di morte anticipata. Non appena parve posare in Parma, diret-
« tore di quel Conservatorio di Musica, morì.

    « Alto di statura, l'abitudine di suonare il contrabbasso lo faceva
« camminare un po' curvo della persona, con un' andatura bighel-

« lona (1). Pallido in volto, gli occhi piccini e grigi che usava socchiu-
« dere con un cotal vezzo malizioso e che aperti sprizzavano lampi,
« i capelli spartiti nel mezzo gli davano l'aria di un apostolo, ma
« di un apostolo sibarita. Di solito era ilare ed amava raccontare
« le avventure della sua vita randagia ; però, anch'e fra i discorsi
« delle allegre brigate, aveva momenti di estasi quasi che il suo
« pensiero vagasse in plaghe lontane, lo sguardo ed il volto si ve-
« lavano come di una nube di mestizia che la voce grave e som-
« messa rendeva più sensibile. Alle prove non aveva tenerezze,
« non si sdilinquiva in leziosaggini cogli artisti, ma non sfoggiava
« neanche soverchie impazienze o superbi disdegni. Al più, gli
« scappava qualche scatto nervoso, tosto represso. Allora buttava
« in aria il cappello o lo sbatteva contro il tavolato del palcosce-
« nico e ciò bastava a racchetarlo. Al pianoforte dimostrava un'at-
« tività straordinaria ; suonava, cantava, parlava, urlava, imitava il
« clangore della tromba, il sospirare dell'oboe, il trillare del flauto,
« il rullare dei timpani, il colpo secco dei piatti, cin !... finchè,
« esausto, smetteva improvvisamente, si ravviava sulla fronte una
« ciocca ribelle, si volgeva agli uditori e li interpellava in silenzio
« figgendo loro addosso gli occhietti scrutatori per penetrarne l'in-
« timo pensiero.

« Tale conobbi il Bottesini e tale lo ritraggo coll'onesta sincerità
« dovuta all'uomo ed all'artista. A sufficienza egli si raccomanda
« alla simpatia dei posteri per quello che fece e per quello che fu,
« e non abbisogna delle iperbole e delle ipocrisie oltraggiose alla
« memoria dei morti che attribuiscono loro qualità che non ebbero
« e non potevano e forse non volevano avere ».

La donna pel Bottesini era qualche cosa di più della magia, su
di esso esercitava un fascino irresistibile. Egli anche nella età matura soleva parlarne col massimo entusiasmo ritenendola quasi una
manifestazione di quel bello ideale che lui prediligeva sotto qualsiasi
forma.

Nel dirigere i concerti e gli spartiti d'opera era sempre com-
posto, dignitoso e signorile, seguendo anche in ciò la tradizionale
scuola italiana stataci tramandata dal Mariani e dal Pedrotti. L'arte

(1) Da giovane appariva poco robusto tanto che nella leva del 1841
venne esonerato dal servizio militare per *gracilità* come risulta dai registri
presso il Comune di Crema.

del dirigere le masse faceva consistere nella prontezza, nella serietà, nella sicurezza degli attacchi, nella giusta metrica dei tempi, proprio al contrario di coloro che per mostrarsi invasi del divino afflato dell'arte, anche se dirigono una minuscola orchestrina, si sbracciano, si alzano, si abbassano, dimenano continuamente il corpo quasi fossero civette sul paletto.

Giovanni Bottesini possedeva una facilità straordinaria di scrivere musica : scelto un tema, lo svolgeva senza tanti ritocchi o titubanze, abbandonandosi a ciò che la fervida immaginativa gli suggeriva. Prova di questa sua facilità e sicurezza, ne sono gli originali delle sue composizioni e delle sue partiture, scritti con esemplare correttezza e con carattere chiaro e nitido, senza abrasioni e quasi senza cancellature. Abituato alla chiarezza, egli era spesso in contrasto coi suoi copisti, che biasimava severamente, dicendoli scorretti e poco puntuali nell'eseguire gli impegni assunti. Non è senza curiosità che si legge la seguente sua lettera, scritta nell'estate del 1880 all'amico Egregio Signor Eldrado Migliara, insegnante nell'Istituto Musicale Verdi di Torino, e Segretario ed Archivista dei Concerti Popolari di Torino, inviandogli i due primi atti di quella *Regina del Nepal,* che doveva poi essere rappresentata nel successivo carnevale.

Napoli 21 Giugno 1880.
111. S. Giovanni a Carbonara

« *Caro Migliara,*

« Ho finito due atti dell'opera e te li spedisco al tuo indirizzo.
« — Troverai due primi atti partitura. — Spartitino, parti cantanti,
« con riduzione per pianoforte, come vedrai fatta da me ; più
« tutta la parte della prima donna da me pure trascritta. — Troverai
« nello spartitino molte accomodature che ho dovuto tutte fare da
« me, mentre il copista raccomandatomi è un vero somaro. — A
« forza di pazienza e perdita di tempo, spero troverai tutto chiaro
« e corretto. — Per gli altri due atti ho incaricato un altro che
« spero non mi assassinerà tanto. —

« Non so ancora che cosa pretenderanno questi cani e quel
« cane di riduttore che è sempre

il tuo aff.mo G. BOTTESINI ».

La vita di questi artisti celebri se può sembrare, per chi la osserva dal lato degli applausi, dei trionfi e dei facili guadagni, attraente ed invidiabile, tale però non è nella sua realtà. È il caso di ripetere *frons prima decipit multos*, perchè essa ha le sue spine forse più lunghe e pungenti di quello che si possa immaginare. Costretti a condurre una vita randagia e senza riposo, essi si trovano spesso in contrasto coi propri editori ed in lotta cogli impresari, che cercano sfruttarli al massimo grado ; — intorno a loro sta una quantità di adulatori per avere raccomandazioni, sovvenzioni e prestiti ; — fra questi si annidia l'invidia dalla maschera ridente, sempre pronta a dar loro lo sgambetto ed a detronizzarli.

La loro esistenza poi diventa sempre più difficile e disagiata al sopraggiungere dell'età matura, allorquando le forze fisiche e mentali si affievoliscono ed i comodi della vita si rendono necessari ; — e questo disagio diventa ancor maggiore se l'artista non ha saputo approfittare dei momenti di larghezza per provvedere alla propria vecchiaia. È logico quindi che questi sommi artisti abbiano i loro momeni di nostalgia e di sconforto.

Così è accaduto al Bottesini. Egli però ebbe il gravissimo torto di non seguire i consigli che gli aveva dato il Rossini, sincero ammiratore di questo giovane artista.

Nel 1866, desiderando il Bottesini avere alcune commendatizie . presso alti personaggi, ne pregò il Rossini, il quale gliele spedì tosto, accompagnandole colla seguente lettera.

Caro Bottesini,

Sebbene il proverbio dica lontan dagli occhi lontan dal cuore, *io sono felice di provarvi il contrario. Eccovi la lettera promessavi. Una per Rubinstein Direttore del Conservatorio. L'altra pel tenore Tamberlik, e finalmente vi unisco la lettera ricevuta da Nizza dal mio amico Buffarini la quale vi darà l'istruzione di quanto dovrete oprare, per presentarvi ai personaggi ai quali vi ha raccomandato, il conte Wielhorski che trovasi ammalato a Nizza. Fatevi conoscere. Guadagnate molti rubli,.teneteli da conto, pensate alla vecchiaia!!! e non dimenticate il*

vostro aff.to ROSSINI

Mille cose affettuose alla vostra compagna.

(*Indirizzo : a Bottesini - Vienna*) Parigi, 26 Settembre 1866.

Questa lettera inedita, che si custodisce scrupolosamente nel Conservatorio di Parma assieme ai cimeli del Bottesini, è per me preziosissima, poichè oltre ad essere una lettera di Rossini, dimostra la stima, la deferenza, la confidenza che Rossini aveva per Bottesini, dimostra una volta più la schietta e sincera bonarietà del Rossini, di questo personificatore dell' arte italiana, della quale Bottesini era fedele seguace.

Sta in fatto che Bottesini, per mantenere una promessa fatta all' amatissimo suo padre e procurargli il mezzo di godere colla famiglia le vacanze autunnali, nel 26 febbraio 1852 (allorquando aveva trent'anni) con atto del Notaio D.r Gerolamo Monferini di Crema, acquistava un piccolo poderetto nel Comune di Capergnanica, vicino a Crema, per il prezzo di austriache L. 35044,80.

Ma poscia, avendo bisogno di danaro, nel 17 dicembre 1860, con atto del Notaio Cattaneo di Milano, lo ipotecava a favore della Cassa di Risparmio di Milano, assumendo un mutuo di L. 15000 — per poi nel 27 gennaio 1863, con atto a rogito Severgnini Dottor Giorgio di Crema, venderlo definitivamente per italiane L. 25000 ai fratelli Sacerdote Filippo e Giovanni Piantelli, nella di cui famiglia il detto poderetto ancora si trova.

Nel 28 luglio 1850 moriva in Crema il rinomato Stefano Pavesi, maestro alla Cappella del Duomo di Crema. Gli amici, ed ammiratori del Bottesini viddero tosto in lui un illustre successore, e quindi il Nob. Battista Monza ed il maestro comunale Della Giovanna lo pregarono di assumere la suddetta carica. Il Bottesini, che attraversava allora un periodo di vera nostalgia, accettava subito la fattagli offerta, scrivendo al maestro Della Giovanna (egli lo chiamava sempre col solo appellativo di *Della*) la seguente lettera che si trova sotto il N. 37 a pag. 112 nel volume *Autografi Cremaschi* T. 1. 154 L 1 $^{1}_{13}$.

Parigi 18 Marzo 1857.
3 Rue La Grange Batelier

Carissimo " Della „,

‹ Prima della carissima tua ricevetti altra del Sig. Battista Monza,
« al quale ho già risposto che accetto l' offerta di maestro di Cap-
« pella del Duomo di Crema e che se la intenda con mio padre.

« Ma questo non toglie che io ripeta a te la stessa cosa perchè
« *moltiplicatis amicis,* la cosa avrà l' effetto che oltre ad essere onòri-
« fico è lucrativo. Io non ho parole in verità per dirti quanto piacere
« mi ha recato una si generale dimostrazione di benevolenza, di
« preferenza per avermi a maestro, aggiungendovi tanto d'interesse
« perchè questa carica non mi obbliga di soggiornare nel paese.
• A parte gli allori che talvolta sono *spinosi,* a parte gli allori
« che talvolta, non per mio demerito, ma per l' infamia di questo
« mondo, diventano *fiaschi* ecc. certamente che io sarò ben lieto di
• rivedere il mio natio paese, e con un cane ed uno schioppo andare
« a passare le mie ore a caccia, dilettarmi colla musica, e andare un
« poco a baracca cogli amici, tante volte che io immagino e che
• vorrei avere costì.
« Salutami tanto tua moglie e t' auguro un bel maschiotto degno
« successore degli Alberghi del Papa e del Pozzo.
• Io sono laconico perchè ho troppe cosa a fare, scrivimi
• però sempre che mi farai un sommo favore. Io ti risponderò se
« non molto, almeno poche parole di vera amicizia.
« Ti mando un bacio e credimi sempre l' affez.mo tuo amico

G. BOTTESINI ».

Ma era mai possibile che Bottesini lasciasse, o quanto meno interrompesse, la sua gloriosa carriera, in cui i trionfi si alternavano alle conoscenze delle più elette personalità artistiche del mondo, per rifugiarsi in una piccola cittadina di circondario, in un ambiente in cui non era possibile espandersi e farsi apprezzare, in cui avrebbe per di più dovuto lottare colla implacabile scontrosità ed intransigenza di certi tonsurati, nei quali, in fatto di musica, la ignoranza è spesso maggiore del loro sapere ?

Ciò che era una illusione per gli amici cremaschi, ed un sogno di una notte d'estate per il Bottesini, non ebbe seguito, ed a surrogare il Pavesi venne chiamato il giovine e distinto allievo di Mercadante al Conservatorio di Napoli il cremasco Giuseppe Benzi.

Bottesini raggiunse così il suo sessantaseiesimo anno di età, senza un patrimonio proprio, senza una carica od un posto che gli assicurasse una agiata esistenza, e per di più avariato in salute, perchè cominciavano a manifestarsi in lui quei disturbi di fegato, che dovevano poi lentamente condurlo alla tomba.

Verdi, che non aveva mai trascurata l'amicizia che lo legava al suo trionfatore dell'Aida, conscio delle condizioni del Bottesini, lo raccomandò al Ministero, proponendolo a Direttore del Regio Conservatorio Musicale di Parma, allora vacante, e S. Maestà Umberto I. di *motu proprio*, con Decreto del 3 novembre 1888, — statogli comunicato il 20 gennaio 1889, — lo nominava a tale onorifica ed importante carica, collo stipendio annuo di L. 6000, oltre l'alloggio, con decorrenza dal 16 novembre 1888.

LA CAPPELLA BOTTESINI AL CIMITERO DI PARMA

VII.

MALATTIA E MORTE

~ ~ ~

DIMOSTRAZIONE DI CORDOGLIO

~ ~ ~

I FUNERALI A PARMA

~ ~ ~

ONORANZE A PARMA E A CREMA

~ ~ ~

PAGANINI E BOTTESINI

Parma ospitale, Parma artistica accolse il nuovo Direttore del suo rinomato Conservatorio con quella sincera cordialità che è una delle principali caratteristiche della sua laboriosa popolazione. Essa andò a gara nell'onorarlo e circondarlo di quella stima, di quella simpatia, di quel cordiale e rispettoso ossequio, che si meritava la sua eminente personalità artistica. I Professori del Conservatorio lo ricevettero con illimitata fiducia, e gli dimostrarono sempre quella affettuosa deferenza che serve ad evitare ogni anche più lontano contrasto.

Il Municipio cercò di assecondarlo in ogni suo desiderio. La Società dei Concerti Popolari lo nominò subito suo Presidente; egli era ricevuto nei pubblici ritrovi, la di lui compagnia desiderata e prediletta. Così la cittadinanza parmense ed i Professori del suo Conservatorio contribuirono a far risplendere un raggio di sole sugli ultimi mesi di questa gloriosa esistenza.

Bottesini ne fu riconoscente e parlava sempre del suo soggiorno in Parma con la più grande soddisfazione.

Ma quella malattia al fegato che da tempo lentamente lo minava, non l'abbandonò più, e quantunque indisposto, per compiacenza accettò di dare un concerto al Casino di lettura, che riuscì trionfale tanto furono le ovazioni e gli applausi che gli prodigò il pubblico entusiasta (1).

Con questo concerto si chiude la carriera artistica di Giovanni Bottesini, poichè il giorno dopo si ebbe la febbre ed ai primi di luglio cadde gravemente ammalato di cirosi al fegato.

_____

(1) A proposito di questo ultimo concerto i giornali raccolsero ed il « Dal Serio » di Crema pubblicò nel N. 281 del 13 luglio 1889 il seguente aneddoto triste :

« Il concerto che il Bottesini diede qualche mese fa, nel nostro Casino « di lettura, suggellò i trionfi dell'artista e parve dargli il presentimento « della prossima fine. Era una sera piovosa: il Bottesini, a cui s'era « dimenticato di mandare una vettura e che si apparecchiava a far la strada

80

L'interessamento della popolazione fu generale: era un continuo succedersi alla casa in via Farini N. 118, ove abitava, di persone e notabilità per avere notizie della salute dell'illustre infermo, come numerosissime le richieste di informazioni che giungevano da maesti, artisti, periodici, scuole musicali ecc.

I Professori del Conservatorio assistevano l'infermo, distinguendosi fra questi il prof. Azzoni, che non lo abbandonò un istante, e Bottesini dopo tre giorni di letargico sopore, spirava alle ore 9.30 del 7 luglio 1889, fra lo smarrimento dei colleghi del Conservatorio.

La triste notizia si divulgò in Parma e venne accolta come quella di un lutto cittadino, tanto che la Giunta Municipale, radunatasi d'urgenza, decretò che i funebri fossero solenni e fatti a spese del Comune. La di lui salma fu collocata in un'ampia sala trasformata in cappella ardente, accessibile alla vista del pubblico, su largo piedestallo ricoperto di nero e circondato da ceri e da fiori.

Così agendo, Parma dimostrò di comprendere l'alta sua missione, quella di rappresentare in questa luttuosa circostanza, tutto il mondo dell'arte e della intelligenza.

Innumerevoli furono i telegrammi, le lettere di condoglianza che giunsero al Municipio ed al Conservatorio di Parma; essi sono in parte riprodotti nel *Corriere di Parma* del 9 luglio 1889 e nel *Dal Serio* di Crema del 13 luglio 1889. Sarebbe troppo lungo il riportarli tutti; mi limito a trascrivere quello di Verdi, che in quei giorni si trovava a Montecatini per cura.

« a piedi, arrivò al Casino in una calesse che gli aveva procurato un amico.
« Salì, prese il suo vecchio compagno di gloria, il contrabbasso famoso, e
« cominciò a dar la pece all'archetto: la pece gli si spezzò tra le mani.

« — E così si spezzerà Bottesini — disse l'artista con quel sorriso a
« fior di labbra tra mesto e faceto.

« Strinse con la mano nervosa e potente l'istrumento, e diede una di
« quelle arcate maestre e poderose che nessuno udrà più. Ma egli sentì
« forse nella mano, forse nel suono o nelle corde qualche cosa di nuovo;
« non sentì quella risposta immediata e sicura che attendeva dal vecchio
« compagno glorioso. Guardò, stupefatto, l'arco e scosse la testa.

« Diede una seconda arcata; nuovo e più profondo stupore dell'artista.
« Egli stette un momento silenzioso, guardando un'altra volta l'arco.

« Poi sorrise al solito e disse — Non risponde più ! — L'istrumento
« e l'artista s'intesero invece così bene che il pubblico andò in visibilio ».

Montecatini (Bagni), 7 luglio ore 5 pom.

Cardinali,

*La perdita dell' illustre artista è sciagura per l'arte ed io ne
provo il più profondo dolore.*

VERDI

Ecco come la *Gazzetta di Parma* del 10 luglio 1889 N. 187
descrive questi imponenti funerali.

« Enorme è stato il concorso del popolo che volle dare un
« ultimo saluto all' estinto maestro.

« In una vasta sala, convertita in camera ardente, stava la
« salma su di un letto, abbigliata completamente di nero.

« Il volto del cadavere aveva perduto quell'espressione di cuor
« contento, tanto particolare al maestro ; ma aveva preso un ca-
« rattere grave, solenne, la solennità della morte.

« Attorno al letto fiori in quantità e ceri ardenti. A capo del
« letto, su la parete, avevano formato un trofeo delle molte bac-
« chette direttoriali — alcune delle quali preziosissime — che erano
« state regalate dagli ammiratori del maestro.

« La gente passava muta, reverente, commossa e se ne andava
« pensosa e fantasticando. Nulla induce l' uomo al filosofare più
« della vista di un genio reso materia inerte dalla morte.

« Dopo mezzodì, si sospese l'esposizione del cadavere e questo
« venne deposto nella cassa. Incominciavano a manifestarsi i segni
« della corruzione.

« Assai prima delle sette, la strada Farini — massime nell'ul-
« timo tratto — era brulicante. Associazioni con le rispettive ban-
« diere — ne abbiam contate sedici — rappresentanze, autorità,
« tutte si addensavano davanti alla casa dove dimorava l'estinto,
« che è la prima del portico di Sant' Ulderico.

« Le autorità salivano al piano superiore, aspettando il mo-
« mento di mettersi in moto.

« Alle sette precise, la bara, portata dal Colonn. Cardinali,
« Governatore del Conservatorio, e dai Professori Ficcarelli, Fer-
« rari, Mantovani, Carini ed Azzoni, fu messa sul carro funebre di
« gran gala.

« Il carro era letteralmente coperto di splendide corone, tra le
« quali splendidissima — rose e gardenie — che partendo dal
« rosso più intenso, terminavano sfumando nel bianco più puro,
« quella inviata dal Conte Stefano Sanvitale.

« Poco dopo le autorità si dispongono attorno e dietro il feretro.

« Tengono i cordoni il Prefetto, il Conte Alberto Sanvitale, il
« primo Presidente della Corte d'Appello, il Procuratore Generale,
« il Colonn. Massa, i Sindaci di Crema e di Parma, il Colonn.
« Cardinali.

« Fiancheggiarono il carro una dozzina di alunni del Conser-
« vatorio, recanti in mano delle ghirlande di fiori ed i chierici
« con torcie.

« Dietro si dispongono tutti gli altri invitati e le rapppre-
« sentanze.

« Procedono le associazioni e le rappresentanze delle varie
scuole e convitti, indi la banda municipale.

« Il lutto è guidato da tre parenti dell'estinto, uno dei quali
« veste da capitano del genio.

« Disimpegnano l'ufficio di cerimonieri il Segretario municipale
« Ferrarini, il Commissario municipale signor Guglielmo Cavazzini
« ed i signori Bevilacqua e Celestino Amoretti pure del Municipio.

« Alle sette e mezza giunge il clero e data la benedizione al
« feretro, la banda municipale intona la *marcia funebre* di Chopin,
« ed il corteo si mette finalmente in moto verso la vicina Chiesa
« di Sant' Ulderico.

« La Chiesa di Sant' Ulderico era parata a lutto. Compiuta
« l'ufficiatura, il feretro è rimesso sul carro ed il corteo si forma
« nello stesso ordine e s' incammina verso il cimitero.

« In tutto il lungo percorso, le strade e le finestre sono tutte
« affollatissime. Molte case sono parate a lutto.'

Gli intervenuti :

Il prefetto comm. Argenti per S. E. il Ministro della pubblica
istruzione ; il Colonnello Cardinali pel R. Conservatorio di Napoli,
pel R. Collegio di musica di Palermo, per la Scuola municipale di
musica di Modena; il m. Ferroni pel R. Conservatorio di Milano; il
Conte Sanvitale pel Liceo musicale di Bologna ; il cav. Dacci per la
R. Accademia di Santa Cecilia di Roma ; il m. Conti pel Liceo musicale di Torino ; il prof. Ficcarelli per l' Istituto musicale di Asti ;

l'avv. Samarani ff. di Sindaco, il dott. Pergami assessore, l'avv. Fieschi Segretario capo pel municipio di Crema; il prof. Venturini per la Società di M. S. fra i professori d'orchestra di Ferrara; il prof. Ricci pel municipio e scuole musicali di Ferrara; l'avv. cav. Bocchialini ff. di Sindaco pel deputato Sanguinetti e pel prof. Negri di Napoli; il m. Maiocchi per la scuola musicale di Piacenza; il dott. Orlandi pel municipio e la scuola di musica di Busseto; il sig. Pizzi per l'orfanotrofio maschile di Casalmaggiore; il sig. P. E. Ferrari per la Casa Ricordi.

Giunto il corteo alla Barriera Nino Bixio cominciarono i discorsi. Parlò per il primo il *Sindaco di Parma avv. Bocchialini*, gli successe *l'avv. cav. Vincenzo Samarani* Prosindaco di Crema, poscia il *Colonnello Cardinali* Governatore del Conservatorio di musica. indi l'amico *Ing. Guerci* e parlò da ultimo il *Prefetto comm. Argenti*, a nome del Ministro dell'istruzione pubblica.

Fra questi riproduciamo quello dell'ingegner Guerci perchè in esso più che la rettorica, vi palpita il cuore dell'amico.

« Conobbi l'illustre Maestro Giovanni Bottesini che la morte « rapi all'arte ed alla gloria, il giorno stesso del suo arrivo in « Parma.

« Lo sapevo grande; non l'avrei immaginato così buono. Mi « recai a riceverlo alla stazione pregato da un amico. Vi andai « trepidante, ansioso e commosso; attesi la vaporiera, fantasticando « sull'uomo celebre, che da tanto tempo ne conoscevo il nome e • la gloria. Lo vidi appena discese; dall'occhio lampeggiava il « genio, e fra i tanti lo conobbi. Mi avvicinai reverente ed egli « mi sorrise. Da quel sorriso benigno, leale, appresi l'uomo, e da « quella sera, l'amai, come se l'avessi conosciuto per tutta la vita.

« Quanta gloria e quanta modestia!...

« Io credo che in tutta la sua vita avventurosa d'artista, fra « tante peripezie di gloria e di dolori, egli non abbia concepito un odio.

« L'anima sua fu plasmata dall'amore, e l'arte la dominò. Egli • viveva pel bene, amava tutti; non un rancore, non un risentimento, ‹ non un'intemperanza!...

« Pei cattivi il suo sorriso ineffabile, esprimeva perdono e « compianto. Da pochi mesi era tra noi, ma chi appena lo conobbe, « oggi lo piange. Tutte le volte che avevo la fortuna di vederlo, « mi inchinavo reverente; non era pel fascino della gloria che l'av-

84

« volgeva — la gloria impone soltanto un rispetto ossequioso —
« la mia reverenza era un culto all'uomo che alla grandezza del
« nome univa sì alta virtù del cuore.

« Avrebbe potuto essere ricchissimo, e morì povero, consacrò
« tutto alla carità, lasciando in retaggio ai desolati nipoti, l'esempio
« di una vita intemerata, ed il compianto sincero del mondo.

« Pochi morirono così!...

« Un giorno che mi parve esausto gli dissi con ansia : Maestro,
« non s'affatichi per carità !... Ed egli stringendomi la mano con
« un accento di profonda rassegnazione, che terrò sempre scolpito
« nella memoria, mi soggiunse con voce affievolita : Lavorando,
« dimentico !... Poveretto... Soffriva !... E quando lo vidi per la
« prima volta malato, mi guardò coi suoi occhi pieni d'affetto ;
« sapeva di morire e mi disse : Vede... che non lavoro più !...
« Non ebbi cuore di ripetere ; egli indovinava la sua fine.

« Un giorno che gli parve di star meglio, volle lasciare il letto ;
« a stento, e sorretto camminò. Vide l'istrumento, compagno della
« sua vita e dei suoi trionfi ; dallo sguardo apparve una commo-
« zione profonda ; a stento, colla mano scarna e tremante arpeggiò
« sulle corde. Era l'ultimo addio !... Povero vecchio !... Negli ultimi
« giorni di sua vita, quando a stento trovava la parola, e la mente
« vacillava nell'agonia, teneva stretta la mano dei suoi nipoti, e
« delirante parlava ancora di musica !

« Arte ed amore, sino all'ultimo sospiro !... Appena si seppe
« della sua morte, pianse chi lo conobbe, si rattristò chi lo vide...
« L'Istituto che Egli illustrava col nome, e coll'opera fu scosso ;
« i giovanetti si ritirarono e piansero ; e dalle loro anime vergini,
« partiva il più grande dei tributi d'affetto.

« Fatalità delle umane cose ! ».

« Se la ragione si ribella al sentimento che ci sospinge al di
« là dei sepolcri, pure è dolce lusinga il credere, che la tua anima
« gentile, o Illustre Maestro aleggi ancora nell'infinito. Il tuo nome
« rimarrà alla storia, coll'omaggio che accompagna la gloria ; col
« tuo nome, o Illustre, rimarrà nella tradizione dei buoni, la me-
« moria della tua virtù, e fra tanto strazio di coscienze e di cuori,
« ti ricorderanno i buoni, col conforto di chi spera nel bene.

« Dice la leggenda che sulla tomba dei grandi cresce eterno
« il semprevivo. O grande estinto ! Sarà il culto che serberà eterno
« alla tua tomba, la città che ebbe la gloria di ospitarti ».

Dopo i discorsi il corteo si sciolse, ma una parte degli intervenuti volle accompagnare la salma sino al cimitero, ove venne deposta nella Cappella del Regio Conservatorio di Musica di Parma, che si trova a pochi metri da quella dell'immortale Paganini.

Nè qui si arrestano le onoranze rese all'illustre estinto, poichè dieci giorni dopo nella Cattedrale di Crema, per iniziativa del maestro Samarani e della Fabbriceria, si celebrava un ufficio funebre in di lui onore, eseguendosi la pregevole *Messa da Requiem* a quattro voci con coro ed orchestra del celebre maestro cremasco *Pavesi*, amicissimo della famiglia Bottesini, ed all' Offertorio venne eseguita una sinfonia dello stesso Giovanni Bottesini.

Il giornale *Dal Serio* di Crema del 27 luglio 1887 ne dà dettagliata recensione.

Alcuni mesi dopo, la Società Orchestrale di Parma, a perenne ricordo dell' Illustre Maestro, faceva murare sopra il portone della casa in via Farini N. 115 una lapide commemorativa assicurata a quattro borchie di bronzo, con queste parole:

IN QUESTA CASA

VISSE GLI ULTIMI ANNI DI SUA VITA

GIOVANNI BOTTESINI

CHE PARMA OSPITÒ ALTERA E FELICE

DIRETTORE DEL R. CONSERVATORIO DI MUSICA

LA SOCIETÀ ORCHESTRALE PARMENSE

CHE L' EBBE SUO PRIMO PRESIDENTE

A RICORDO POSE

In seguito, e dopo parecchio tempo, venne collocato nella cappella mortuaria del cimitero, un monumento semplice e severo, che, dato l' ambiente, accresce la sua bellezza e la sua suggestività.

Esso consta di un grande sarcofago di marmo, sul davanti del quale, in grossi caratteri di bronzo in rilievo, sta scritto: *Giovanni Bottesini* — e sulla parte posteriore di esso appoggia e si eleva su piedestallo un busto in marmo a grandezza naturale, egregiamente modellato, che ricorda il suo volto ispirato, la sua distinta signorilità e la bontà sua.

Già sino dal 1898, essendo indecoroso che la città natale di un così illustre concittadino, nulla avesse ancor fatto per eternarne la memoria, si costituì sotto la presidenza dell'esimio artista il pittore Prof. Angelo Bacchetta, un Comitato per erigere in Crema un ricordo marmoreo a Bottesini.

Raccolti i fondi, a formare i quali contribuì la cittadinanza, ma anche numerosi artisti, istituti e società musicali d'Italia e dell'estero, venne affidato l'incarico di modellare un busto in marmo, da essere collocato, insieme ad una lapide commemorativa, sulla artistica facciata del palazzo municipale in Piazza del Duomo, al distintissimo scultore di origine cremasca, Bassano Danieli.

Il Danieli si pose all'opera con passione e disinteresse, trasfondendo nella effige del Bottesini i tratti caratteristici dell'Illustre Cremasco, e nella sottostante lapide vennero incise queste parole, dettate dal Conte Sforza Benvenuti:

A GIOVANNI BOTTESINI
CREMASCO
CONTRABASSISTA DI CELEBRITÀ MONDIALE
VALENTE COMPOSITORE DI MUSICA
CREMA
OVE L'ARTE MUSICALE EBBE
IN OGNI TEMPO CULTORI INSIGNI
QUESTO RICORDO POSE

La cerimonia inaugurale ebbe luogo Domenica 13 ottobre 1901; e riuscì veramente solenne e grandiosa sia per concorso di popolo che per la partecipazione di spiccate notabilità artistiche.

Alle ore due ebbe luogo in municipio la formale consegna del monumento dal Comitato alla Città di Crema, e della stessa venne steso il relativo verbale col ministero del Notaio Meneghezzi. Alle ore tre, in presenza di numeroso pubblico, si procedette allo scoprimento del busto e relativa lapide, e dopo brevi parole del Prof. Angelo Bacchetta, seguì il discorso inaugurale, pronunciato dallo scrivente, a tale uopo delegato, col quale vennero ricordate le principali doti ed i solenni trionfi dell'illustre concittadino (1).

_____

(1) Detto discorso inaugurale venne integralmente riprodotto nel numero del 20 ottobre 1901 del giornale di Crema il *Dal Serio* con un dettagliato resoconto delle onoranze. Nella ricorrenza venne anche distribuita una bella cartolina-ricordo ideata dal Prof. Angelo Bacchetta.

Successivamente si alternarono in piazza e davanti al monumento, numerosi concerti bandistici eseguiti dalla banda di Crema e dalla banda di Lodi, espressamente intervenuta coll' esimio suo Direttore maestro Balladori, che si fece ammirare e più volte applaudire.

Questa trionfale giornata ebbe il suo epilogo alla sera in teatro, ove si svolse, colla più viva ammirazione, un ragionevole e ben compilato programma, costituito quasi tutto di musica bottesiniana, e di una Elegia per grande Orchestra, dedicata a Giovanni Bottesini e scritta per la circostanza dal distintissimo maestro cremasco Gnaga, che si rivelò, come lo è infatti, veramente dotto e valente.

Vennero eseguiti, prima una sinfonia giovanile del Bottesini, e poscia il suo celebre quintetto per archi, un duetto dell'opera l'*Assedio di Firenze*, la tanto lodata ed ammirata *Elegia* e *Tarantella* per contrabasso, il gran *duo* per violino e contrabasso, essendone esecutori i Professori Coggi (violino), Caimmi (contrabasso), e Mappelli (pianoforte) del Conservatorio di Milano.

Chiuse poi la indimenticabile serata il duetto finale dell' opera *Ero e Leandro* eseguitosi a grande orchestra, colla partecipazione del soprano signorina F. Morini e del tenore G. Bazelli, sotto la valente direzione del Maestro Serafin, che avendo appena ultimati gli studi al Conservatorio, esordiva lasciando sin d' allora presagire la di lui brillante carriera.

*⁎⁎

Nel 23 settembre 1851 si effettuò il trasporto nel cimitero di Parma e la tumulazione in apposita cappella, delle ceneri dell' immortale Paganini : ora a pochi passi di distanza si trovano quelle del suo emulo in arte Giovanni Bottesini.

Già per unanime consenso il nome di Bottesini andava congiunto a quello di Paganini, tanto che ricordando Bottesini, si aggiungeva quasi sempre al suo nome il qualificativo di " *Paganini del contrabasso* „.

Era però scritto nel destino di questi due grandi che i loro resti mortali dovessero rimanere eternamente riuniti e riposare nella pace serena e mistica dello stesso camposanto.

A Parma spettò l'orgoglioso compito, premio meritato al di lei entusiasmo per l'arte musicale ed alla tradizionale sua ospitalità. Le reliquie dei due immortali proteggeranno l'avvenire artistico di questa laboriosa città ed il suo glorioso Conservatorio.

Allorquando noi entriamo in questo sacro recinto sembra che una forza superiore ci porti alle due ricordate cappelle e ci sospinga ad inginocchiarci silenziosamente loro davanti, quasi per sorprendere, rievocando il passato, gli arcani colloqui di questi due sommi nell'arte musicale italiana.

FINE

COMMIATO

Debbo porgere sentiti ringraziamenti a quelle distinte e cortesi persone che, da me richieste, mi furono di aiuto nel compilare la presente memoria, e fra queste debbo con speciale senso di riconoscenza ricordare il Sac. Pietro Cazzulani meritatissimo bibliotecario alla biblioteca comunale di Crema, il prof. cav. Gaetano Cesari bibliotecario al Conservatorio Verdi di Milano, il prof. cav. Guido Gasperini bibliotecario al Regio Conservatorio di Parma, il prof. Eldrado Migliara alla Scuola Musicale di Torino, l'appassionato musicista Carlo Cerioli di Crema, ed il compianto maestro cremasco Ernesto Franceschini.

Avv. A. C.

IL RICORDO MARMOREO DI CREMA

SPIGOLATURE POSTUME.

1. — Bottesini nel suo metodo per contrabasso sintetizza in poche parole, frutto di lunga esperienza e di acuta osservazione, le qualità che dovrebbe avere quel suonatore di questo colossale istrumento che intendesse dedicarsi al concerto :

Egli dice che *oltre a naturale disposizione, deve possedere quella sicurezza di mano, la quale, esonerando l'artista esecutore di ogni preoccupazione meccanica, fa sì che possa spaziare liberamente col pensiero, ottenendo sulle corde dell'istrumento i migliori sentimenti dell'animo che l'estro appassiona.*

Queste sue parole ho voluto qui riprodurre, costituendo esse, per così dire, il suo testamento artistico per coloro che aspirano a diventare concertisti. Ed è per questo che l'arte sua non era solo uno stupefacente acrobatismo, dote questa comune a tutti i concertisti, ma era *vera arte inspirata*, per la quale, *senza preoccupazioni meccaniche*, con spontanea naturalezza, sapeva riprodurre tutto ciò che la sua fantasia ed il suo genio gli suggerivano.

2. — Il noto letterato, storico e compositore musicale, Francesco Giovanni Fétis, nella sua pregevole *Biographie universelle des musiciens et Bibliographie générale de la musique* che malgrado le sue inesattezze, costituisce sempre una vasta fonte di notizie musicali, così qualifica il Bottesini :

« Egli sorpassò di gran lunga quanti furono sino ad oggi con-
« certisti di contrabasso. Il suono paradisiaco che egli cava dal-
« l'istrumento, la prodigiosa sicurezza con cui supera qualun-
« que più ardua difficoltà di meccanismo, il suo modo di cantare
« tutto sentimento delicatissimo, ne fanno un esecutore insigne, e
« dimostrano in lui il talento più completo che sia possibile im-
« maginare.

« In grazia della perizia colla quale sa cavare i suoni armo-
« nici in tutte le posizioni, il Bottesini può gareggiare, senza es-
« sere vinto, coi violinisti più abili.

« Bisogna aver udito il Bottesini a suonare il contrabasso, per
« persuadersi che il più grande degli istrumenti a corda può com-
« petere col violino, sia per l'omogeneità del suono, sia per la leg-
« gerezza, sia per la grazia che può rendere anche in quel genere
« di musica che chiamasi brillante ».

E queste parole ho voluto qui in fine riprodurre, essendo esse
tanto più autorevoli perchè partono da uno straniero, assai severo
nei suoi giudizi sugli italiani.

3. — Nel settembre 1860 venne rappresentata alla Scala la sua
opera seria *L'assedio di Firenze,* già stata eseguita per la prima
volta a Parigi nel 1859. Dai registri di quel massimo teatro, in cui
si tiene accurata indicazione dell'esito delle opere eseguite, risulta
che *L'assedio di Firenze* ebbe esito " *buonissimo* „ e venne repli-
cata per *quindici sere.*

4. — Bottesini, nel 16 luglio 1860, prese parte quale concertista, assieme al celebre Ernesto Cavallini, alla grande Accademia
che ebbe luogo alla Scala per i feriti di Sicilia ottenendovi una
memorabile ovazione.

5. — Ecco l'elenco delle composizioni caratteristiche a grande
orchestra di Giovanni Bottesini state eseguite dalla Società Orchestrale di Milano :

Il deserto, fantasia araba, 1880.
Ombre notturne, 1883 (1).
Rêverie, 1886.
Malinconia campestre, 1886
Serenata al Castello Medioevale, 1886, per soli archi.

6. — Nei programmi della Società Orchestrale dei Concerti
Popolari di Torino, diretti dal celebre Pedrotti, il nome di Giovanni

_____

(1) Il vero titolo di questo originale e pregievole lavoro è *Promenade
des Ombres* come già si è osservato a pag. 46 e venne offerto dal Bottesini alla Società Orchestrale della Scala, firmandosi " *Giovanni Bottesini
grattatore di viorone* „.

Bottesini figura di frequente. L'ouverture *Graziella* venne eseguita tre volte, la *Sinfonia caratteristica* venne eseguita pure tre volte, due volte la fantasia araba *Il deserto,* una volta la *Marcia funebre,* e nel concerto del 23 maggio 1880, Bottesini vi prese parte come concertista, suscitando entusiasmo e fanatici applausi, colla esecuzione della fantasia sull'opera *Lucia di Lamermoor,* e della *Elegia* e *Tarantella* per piano e contrabasso.

7. — Giovanni Bottesini godeva l'ammirazione e l'intima amicizia di Giulio Ricordi, che gli fu sempre molto deferente.

Allo stesso, il Bottesini, dedicò la sua opera *Il diavolo della notte,* sul frontespizio della quale trovasi scritto: *Composta e dedicata all'egregio dilettante signor Giulio Ricordi dal maestro Giovanni Bottesini,* ed il Giulio Ricordi di ricambio ridusse la sinfonia dell'opera stessa per pianoforte a quattro mani e la fece stampare.

IN QUESTA CASA

VISSE GLI ULTIMI GIORNI DI SUA VITA

GIOVANNI BOTTESINI

CHE PARMA OSPITÒ ALTERA E FELICE

DIRETTORE DEL R. CONSERVATORIO DI MUSICA

LA SOCIETÀ ORCHESTRALE PARMENSE

CHE L'EBBE SUO PRIMO PRESIDENTE

A RICORDO POSE

LAPIDE COMMEMORATIVA
DELLA SOCIETÀ ORCHESTRALE PARMENSE

INDICE

delle materie contenute nei singoli capitoli

ELENCO DEI CLICHÈS

ERRATA-CORRIGE

Pag. 22, linea 27, *invece di* — orchestra, fu proprio quello.... — *leggasi* — orchestra, quello....

Pag. 32, linea 2, *invece di* — in genere sostenendo che.... — *leggasi* — in genere. Questi sostiene che....

Pag. 32, linea 11, *invece di* — vecchio poichè nato.... *leggasi* — vecchio essendo nato....

Pag. 32, linea 11, *invece di* — smaglianti sue perorazioni finali.... *leggasi* — smaglianti perorazioni finali....

Pag. 35, linea 16, *invece di* — anni a dirigere.... *leggasi* — anni dirigeva....

Pag. 36, linea 24, *invece di* — Aida riuscissero.... *leggasi* Aida, riuscissero....

Pag. 39, linea 6, *invece di* — Faucelli.... *leggasi* — Fancelli....

Pag. 43, linea 32, in nota, *invece di* — dal Cappi Francesco.... *leggasi* — dal Caffi Francesco....

Pag. 49, linea 23, *invece di* — per eliminare.... *leggasi* — per eliminarne....

Pag. 50, linea 39, in nota, *invece di* — febbraio 1911 N. 43.... *leggasi* — febbraio 1922 N. 43....

Pag. 52, linea 3, *invece di* — Abigaille, Bruschi-Chiatti.... *leggasi* — Abigaille Bruschi-Chiatti....

Pag. 55, linea 21, *invece di* — 1855.... *leggasi* — 1885....

Pag. 58, linea 18, *invece di* — ma nifestazioni.... *leggasi* — manifestazioni....

Pag. 61, linea 22, *invece di* — avviene nel prologo.... *leggasi* — avviene al prologo....

Pag. 79, linea 22, *invece di* — trionfale tanto furono.... *leggasi* — trionfale tante furono....

www.ingramcontent.com/pod-product-compliance
Lightning Source LLC
La Vergne TN
LVHW021538080426
835509LV00019B/2707